The Eternal husband
&
Humble

Fyodor Dostoyevsky

Вечный муж
&
Кроткая

Фёдор М. Достоевский

The Eternal husband; Humble

ISNB: 978-1-60444-865-8

Вечный муж ; Кроткая

© Индоевропейских Издание , 2018

ISNB: 978-1-60444-865-8

ВЕЧНЫЙ МУЖ

I

ВЕЛЬЧАНИНОВ

Пришло лето - и Вельчанинов, сверх ожидания, остался в Петербурге. Поездка его на юг России расстроилась, а делу и конца не предвиделось. Это дело - тяжба по имению - принимало предурной оборот. Еще три месяца тому назад оно имело вид весьма несложный, чуть не бесспорный; но как-то вдруг всё изменилось. "Да и вообще всё стало изменяться к худшему!" - эту фразу Вельчанинов с злорадством и часто стал повторять про себя. Он употреблял адвоката ловкого, дорогого, известного и денег не жалел; но в нетерпении и от мнительности повадился заниматься делом и сам: читал и писал бумаги, которые сплошь браковал адвокат, бегал по присутственным местам, наводил справки и, вероятно, очень мешал всему; по крайней мере адвокат жаловался и гнал его на дачу. Но он даже и на дачу выехать не решился. Пыль, духота, белые петербургские ночи, раздражающие нервы,- вот чем наслаждался он в Петербурге. Квартира его была где-то у Большого театра, недавно нанятая им, и тоже не удалась; "всё не удавалось!" Ипохондрия его росла с каждым днем; но к ипохондрии он уже был склонен давно.

Это был человек много и широко поживший, уже далеко не молодой, лет тридцати восьми или даже тридцати девяти, и вся эта "старость" - как он сам выражался - пришла к нему "совсем почти неожиданно"; но он сам понимал, что состарелся скорее не количеством, а, так сказать, качеством лет и что если уж и начались его немощи, то скорее изнутри, чем снаружи. На взгляд он и до сих пор смотрел молодцом. Это был парень высокий и плотный, светло-рус, густоволос и без единой сединки в голове и в длинной, чуть не до половины груди, русой бороде; с первого взгляда как бы несколько неуклюжий и опустившийся; но, вглядевшись пристальнее, вы тотчас же отличили бы в нем господина, выдержанного отлично и когда-то получившего воспитание самое великосветское. Приемы Вельчанинова и теперь были свободны, смелы и даже грациозны, несмотря на всю благоприобретенную им брюзгливость и мешковатость. И даже до сих пор

1

он был полон самой непоколебимой, самой великосветски нахальной самоуверенности, которой размера, может быть, и сам не подозревал в себе, несмотря на то что был человек не только умный, но даже иногда толковый, почти образованный и с несомненными дарованиями. Цвет лица его, открытого и румяного, отличался в старину женственною нежностью и обращал на него внимание женщин; да и теперь иной, взглянув на него, говорил: "Экой здоровенный, кровь с молоком!" И, однако ж, этот "здоровенный" был жестоко поражен ипохондрией. Глаза его, большие и голубые, лет десять назад имели тоже много в себе победительного; это были такие светлые, такие веселые и беззаботные глаза, что невольно влекли к себе каждого, с кем только он ни сходился. Теперь, к сороковым годам, ясность и доброта почти погасли в этих глазах, уже окружившихся легкими морщинками; в них появились, напротив, цинизм не совсем нравственного и уставшего человека, хитрость, всего чаще насмешка и еще новый оттенок, которого не было прежде: оттенок грусти и боли,- какой-то рассеянной грусти, как бы беспредметной, но сильной. Особенно проявлялась эта грусть, когда он оставался один. И странно, этот шумливый, веселый и рассеянный всего еще года два тому назад человек, так славно рассказывавший такие смешные рассказы, ничего так не любил теперь, как оставаться совершенно один. Он намеренно оставил множество знакомств, которых даже и теперь мог бы не оставлять, несмотря на окончательное расстройство своих денежных обстоятельств. Правда, тут помогло тщеславие: с его мнительностию и тщеславием нельзя было вынести прежних знакомств. Но и тщеславие его мало-помалу стало изменяться в уединении. Оно не уменьшилось, даже - напротив; но оно стало вырождаться в какое-то особого рода тщеславие, которого прежде не было: стало иногда страдать уже совсем от других причин, чем обыкновенно прежде,- от причин неожиданных и совершенно прежде немыслимых, от причин "более высших", чем до сих пор,- "если только можно так выразиться, если действительно есть причины высшие и низшие..." Это уже прибавлял он сам. Да, он дошел и до этого; он бился теперь с какими-то причинами высшими, о которых прежде и не задумался бы. В сознании своем и по совести он называл высшими все "причины", над которыми (к удивлению своему) никак не мог про себя засмеяться,- чего до сих пор еще не бывало,- про себя, разумеется; о, в обществе дело другое! Он превосходно знал, что сойдись только обстоятельства - и назавтра же он, вслух, несмотря на все таинственные и благоговейные решения своей совести, преспокойно отречется от всех этих "высших причин" и сам, первый, подымет их на смех, разумеется не

2

признаваясь ни в чем. И это было действительно так, несмотря на некоторую, весьма даже значительную долю независимости мысли, отвоеванную им в последнее время у обладавших им до сих пор "низших причин". Да и сколько раз сам он, вставая наутро с постели, начинал стыдиться своих мыслей и чувств, пережитых в ночную бессонницу! (А он сплошь всё последнее время страдал бессонницей). Давно уже он заметил, что становится чрезвычайно мнителен во всем, и в важном и в мелочах, а потому и положил было доверять себе как можно меньше. Но выдавались, однако же, факты, которых уж никак нельзя было не признать действительно существующими. В последнее время, иногда по ночам, его мысли и ощущения почти совсем переменялись в сравнении с всегдашними и большею частию отнюдь не походили на те, которые выпадали ему на первую половину дня. Это его поразило - и он даже посоветовался с известным доктором, правда, человеком ему знакомым; разумеется, заговорил с ним шутя. Он получил в ответ, что факт изменения и даже раздвоения мыслей и ощущений по ночам во время бессонницы, и вообще по ночам, есть факт всеобщий между людьми, "сильно мыслящими и сильно чувствующими", что убеждения всей жизни иногда внезапно менялись под меланхолическим влиянием ночи и бессонницы; вдруг ни с того ни с сего самые роковые решения предпринимались; но что, конечно, всё до известной меры - и если, наконец, субъект уже слишком ощущает на себе эту раздвоимость, так что дело доходит до страдания, то бесспорно это признак, что уже образовалась болезнь; а стало быть, надо немедленно что-нибудь предпринять. Лучше же всего изменить радикально образ жизни, изменить диету или даже предпринять путешествие. Полезно, конечно, слабительное.

Вельчанинов дальше слушать не стал; но болезнь была ему совершенно доказана.

"Итак, всё это только болезнь, всё это "высшее" одна болезнь, и больше ничего!" - язвительно восклицал он иногда про себя. Очень уж ему не хотелось с этим согласиться.

Скоро, впрочем, и по утрам стало повторяться то же, что происходило в исключительные ночные часы, но только с большею желчью, чем по ночам, со злостью вместо раскаяния, с насмешкой вместо умиления. В сущности, это были всё чаще и чаще приходившие ему на память, "внезапно и бог знает почему", иные происшествия из его прошедшей и давно прошедшей жизни, но приходившие каким-то особенным образом. Вельчанинов давно уже, например, жаловался на потерю памяти: он забывал лица знакомых людей, которые, при встречах,

3

за это на него обижались; книга, прочитанная им полгода назад, забывалась в этот срок иногда совершенно. И что же? - несмотря на эту очевидную ежедневную утрату памяти (о чем он очень беспокоился) - всё, что касалось давно прошедшего, всё, что по десяти, по пятнадцати лет бывало даже совсем забыто,- всё вдруг иногда приходило теперь на память, но с такою изумительною точностию впечатлений и подробностей, что как будто бы он вновь их переживал. Некоторые из припоминавшихся фактов были до того забыты, что ему уже одно то казалось чудом, что они могли припомниться. Но это еще было не всё; да и у кого из широко поживших людей нет своего рода воспоминаний? Но дело в том, что всё это припоминавшееся возвращалось теперь как бы с заготовленной кем-то, совершенно новой, неожиданной и прежде совсем немыслимой точкой зрения на факт. Почему иные воспоминания казались ему теперь совсем преступлениями? И не в одних приговорах его ума было дело: своему мрачному, одиночному и больному уму он бы и не поверил; но доходило до проклятий и чуть ли не до слез, если и не наружных, так внутренних. Да он еще два года тому назад и не поверил бы, если б ему сказали, что он когда-нибудь заплачет!

Сначала, впрочем, припоминалось больше не из чувствительного, а из язвительного: припоминались иные светские неудачи, унижения; вспоминалось о том, например, как его "оклеветал один интриган", вследствие чего, его перестали принимать в одном доме,- как, например, и даже не так давно, он был положительно и публично обижен, а на дуэль не вызвал,- как осадили его раз одной гфеостроумной эпиграммой в кругу самых хорошеньких женщин, а он не нашелся, что отвечать. Припомнились даже два-три неуплаченные долга, правда, пустяшные, но долги чести и таким людям, с которыми он перестал водиться и об которых уже говорил дурно. Мучило его тоже (но только в самые злые минуты) воспоминание о двух глупейшим образом промотанных состояниях, из которых каждое было значительное. Но скоро стало припоминаться и из "высшего".

Вдруг, например, "ни с того ни с сего" припомнилась ему забытая - и в высочайшей степени забытая им - фигура добренького одного старичка чиновника, сеженького и смешного, оскорбленного им когда-то, давным-давно, публично и безнаказанно и единственно из одного фанфаронства: из-за того только, чтоб не пропал даром один смешной и удачный каламбур, доставивший ему славу и который потом повторяли. Факт был до того им забыт, что даже фамилии этого старичка он не мог припомнить, хотя сразу представилась вся обстановка приключения в непостижимой ясности. Он ярко припомнил, что старик тогда заступался

4

за дочь, жившую с ним вместе и засидевшуюся в девках и про которую в городе стали ходить какие-то слухи. Старичок стал было отвечать и сердиться, но вдруг заплакал навзрыд при всем обществе, что произвело даже некоторое впечатление. Кончили тем, что для смеха его напоили тогда шампанским и вдоволь насмеялись. И когда теперь припомнил "ни с того ни с сего" Вельчанинов о том, как старикашка рыдал и закрывался руками как ребенок, то ему вдруг показалось, что как будто он никогда и не забывал этого. И странно: ему всё это казалось тогда очень смешным; теперь же - напротив, и именно подробности, именно закрывание лица руками. Потом он припомнил, как, единственно для шутки, оклеветал одну прехорошенькую жену одного школьного учителя и клевета дошла до мужа. Вельчанинов скоро уехал из этого городка и не знал, чем тогда кончились следствия его клеветы, но теперь он стал вдруг воображать, чем кончились эти следствия,- и бог знает до чего бы дошло его воображение, если б вдруг не представилось ему одно гораздо ближайшее воспоминание об одной девушке, из простых мещанок, которая даже и не нравилась ему и которой, признаться, он и стыдился, но с которой, сам не зная для чего, прижил ребенка, да так и бросил ее вместе с ребенком, даже не простившись (правда, некогда было), когда уехал из Петербурга. Эту девушку он разыскивал потом целый год, но уже никак не мог отыскать. Впрочем, таких воспоминаний оказывались чуть не сотни - и так даже, что как будто каждое воспоминание тащило за собою десятки других. Мало-помалу стало страдать и его тщеславие.

Мы сказали уже, что тщеславие его выродилось в какое-то особенное. Это было справедливо. Минутами (редкими, впрочем) он доходил иногда до такого самозабвения, что не стыдился даже того, что не имеет своего экипажа, что слоняется пешком по присутственным местам, что стал несколько небрежен в костюме,- и случись, что кто-нибудь из старых знакомых обмерил бы его насмешливым взглядом на улице или просто вздумал бы не узнать, то, право, у него достало бы настолько высокомерия, чтоб даже и не поморщиться. Серьезно не поморщиться, вправду, а не то что для одного виду. Разумеется, это бывало редко, это были только минуты самозабвения и раздражения, но все-таки тщеславие его стало мало-помалу удаляться от прежних поводов и сосредоточиваться около одного вопроса, беспрерывно приходившего ему на ум.

"Вот ведь,- начинал он думать иногда сатирически (а он всегда почти, думая о себе, начинал с сатирического),- вот ведь кто-то там заботится же об исправлении моей нравственности и посылает мне эти проклятые воспоминания и "слезы раскаяния". Пусть, да ведь попусту!

ведь всё стрельба холостыми зарядами! Ну не знаю ли я наверно, вернее чем наверно, что, несмотря на все эти слезные раскаяния и самоосуждения, во мне нет ни капельки самостоятельности, несмотря на все мои глупейшие сорок лет! Ведь случись завтра же такое же искушение, ну сойдись, например, опять обстоятельства так, что мне выгодно будет слух распустить, будто бы учительша от меня подарки принимала,- и я ведь наверное распущу, не дрогну,- и еще хуже, пакостнее, чем в первый раз, дело выйдет, потому что этот раз будет уже второй раз, а не первый. Ну оскорби меня опять, сейчас, этот князек, единственный сын у матери и которому я одиннадцать лет тому назад ногу отстрелил,- и я тотчас же его вызову и посажу опять на деревяшку. Ну не холостые ли, стало быть, заряды, и что в них толку! и для чего напоминать, когда я хоть сколько-нибудь развязаться с собой прилично не умею!"

И хоть не повторялось опять факта с учительшей, хоть не сажал он никого на деревяшку, но одна мысль о том, что это непременно должно было бы повториться, если б сошлись обстоятельства, почти убивала его... иногда. Не всегда же в самом деле страдать воспоминаниями; можно отдохнуть и погулять-в антрактах.

Так Вельчанинов и делал: он готов был погулять в антрактах; но все-таки чем дальше, тем неприятнее становилось его житье в Петербурге. Подходит уж и июль. Мелькала в нем иногда решимость бросить всё и самую тяжбу и уехать куда-нибудь, не оглядываясь, как-нибудь вдруг, нечаянно, хоть туда же в Крым например. Но через час, обыкновенно, он уже презирал свою мысль и смеялся над ней: "Эти скверные мысли ни на каком юге не прекратятся, если уж раз начались и если я хоть сколько-нибудь порядочный человек, а стало быть, нечего и бежать от них, да и незачем".

"Да и к чему бежать,- продолжал он философствовать с горя,- здесь так пыльно, так душно, в этом доме так всё запачкано; в этих присутствиях, по которым я слоняюсь, между всеми этими деловыми людьми - столько самой мышиной суеты, столько самой толкучей заботы; во всем этом народе, оставшемся в городе, на всех этих лицах, мелькающих с утра до вечера,- так наивно и откровенно рассказано всё их себялюбие, всё их простодушное нахальство, вся трусливость их душонок, вся куриность их сердчишек,- что, право, тут рай ипохондрику, самым серьезным образом говоря! Всё откровенно, всё ясно, всё не считает даже нужным и прикрываться, как где-нибудь у наших барынь на дачах или на водах за границей; а стало быть, всё гораздо достойнее полнейшего уважения за одну только откровенность и простоту... Никуда не уеду! Лопну здесь, а никуда не уеду!..

II

ГОСПОДИН С КРЕПОМ НА ШЛЯПЕ

Было третье июля. Духота и жар стояли нестерпимые. День для Вельчанинова выдался самый хлопотливый: всё утро пришлось ходить и разъезжать, а в перспективе предстояла непременная надобность сегодня же вечером посетить одного нужного господина, одного дельца и статского советника, на его даче, где-то на Черной речке, и захватить его неожиданно дома. Часу в шестом Вельчанинов вошел наконец в один ресторан (весьма сомнительный, но французский) на Невском проспекте, у Полицейского моста, сел в своем обычном углу за свой столик и спросил свой ежедневный обед.

Он съедал ежедневно обед в рубль и за вино платил особенно, что и считал жертвой, благоразумно им приносимой расстроенным своим обстоятельствам. Удивляясь, как можно есть такую дрянь, он уничтожал, однако же, всё до последней крошки - и каждый раз с таким аппетитом, как будто перед тем не ел трое суток. "Это что-то болезненное",- бормотал он про себя, замечая иногда свой аппетит. Но в этот раз он уселся за свой столик в самом сквернейшем расположении духа, с сердцем отбросил куда-то шляпу, облокотился и задумался. Завозись теперь как-нибудь обедавший с ним рядом сосед или не пойми его с первого слова прислуживавший ему мальчишка - и он, так умевший быть вежливым и, когда надо, так свысока невозмутимым, наверно бы расшумелся, как юнкер, и, пожалуй, сделал бы историю.

Подали ему суп, он взял ложку, но вдруг, не успев зачерпнуть, бросил ложку на стол и чуть не вскочил со стула. Одна неожиданная мысль внезапно осенила его: в это мгновение он - и бог знает каким процессом - вдруг вполне осмыслил причину своей тоски, своей особенной отдельной тоски, которая мучила его уже несколько дней сряду, всё последнее время, бог знает как привязалась и бог знает почему не хотела никак отвязаться; теперь же он сразу всё разглядел и понял, как свои пять пальцев.

- Это всё эта шляпа! - пробормотал он как бы вдохновенный,- единственно одна только эта проклятая круглая шляпа, с этим мерзким траурным крепом, всему причиною!

Он стал думать - и чем далее вдумывался, тем становился угрюмее и тем удивительнее становилось в его глазах "всё происшествие".

"Но... но какое же тут, однако, происшествие? - протестовал было он, не доверяя себе,- есть ли тут хоть что-нибудь похожее на происшествие?"

Всё дело состояло вот в чем: почти уже тому две недели (по-настоящему он не помнил, но, кажется, было две недели), как встретил он в первый раз, на улице, где-то на углу Подьяческой и Мещанской, одного господина с крепом на шляпе. Господин был, как и все, ничего в нем не было такого особенного, прошел он скоро, но посмотрел на Вельчанинова как-то слишком уж пристально и почему-то сразу обратил на себя его внимание до чрезвычайности. По крайней мере физиономия его показалась знакомою Вельчанинову. Он, очевидно, когда-то и где-то встречал ее. "А впрочем, мало ли тысяч физиономий встречал я в жизни - всех не упомнишь!" Пройдя шагов двадцать, он уже, казалось, и забыл про встречу, несмотря на всё первое впечатление. А впечатление, однако, осталось на целый день - и довольно оригинальное: в виде какой-то беспредметной, особенной злобы. Он теперь, через две недели, всё это припоминал ясно; припоминал тоже, что совершенно не понимал тогда, откуда в нем эта злоба,- и не понимал до того, что ни разу даже не сблизил и не сопоставил свое скверное расположение духа во весь тот вечер с утренней встречей. Но господин сам поспешил о себе напомнить и на другой день опять столкнулся с Вельчаниновым на Невском проспекте и опять как-то странно посмотрел на него. Вельчанинов плюнул, но, плюнув, тотчас же удивился своему плевку. Правда, есть физиономии, возбуждающие сразу беспредметное и бесцельное отвращение. "Да, я действительно его где-то встречал",- пробормотал он задумчиво, уже полчаса спустя после встречи. Затем опять весь вечер пробыл в сквернейшем расположении духа; даже дурной сон какой-то приснился ночью, и все-таки не пришло ему в голову, что вся причина этой новой и особенной хандры его - один только давешний траурный господин, хотя в этот вечер он не раз вспоминал его. Даже разозлился мимоходом, что "такая дрянь" смеет так долго ему вспоминаться; приписать же ему всё свое волнение, наверно, почел бы даже унизительным, если бы только мысль об том пришла ему в голову. Два дня спустя опять встретились, в толпе, при выходе с одного невского парохода. В этот, третий, раз Вельчанинов готов был поклясться, что господин в траурной шляпе узнал его и рванулся к нему, отвлекаемый и теснимый толпой; кажется, даже "осмелился" протянуть к нему руку; может быть, даже вскрикнул и окликнул его по имени. Последнего, впрочем, Вельчанинов не расслышал ясно, но... "кто же, однако, эта каналья и почему он не подходит ко мне, если в самом деле узнаёт и если так ему хочется подойти?" - злобно подумал он, садясь на извозчика и отправляясь к Смольному монастырю.

Через полчаса он уже спорил и шумел с своим адвокатом, но вечером и ночью был опять в мерзейшей и самой фантастической тоске. "Уж не разливается ли желчь?" - мнительно спрашивал он себя, глядясь в зеркало.

Это была третья встреча. Потом дней пять сряду решительно "никто" не встречался, а об "каналье" и слух замер. А между тем нет-нет да и вспомнится господин с крепом на шляпе. С некоторым удивлением ловил себя на этом Вельчанинов: "Что мне тошно по нем, что ли? Гм!.. А тоже, должно быть, у него много дела в Петербурге,- и по ком это у него креп? Он, очевидно, узнавал меня, а я его не узнаю. И зачем эти люди надевают креп? К ним как-то нейдет... Мне кажется, если я поближе всмотрюсь в него, я его узнаю..."

И что-то как будто начинало шевелиться в его воспоминаниях, как какое-нибудь известное, но вдруг почему-то забытое слово, которое из всех сил стараешься припомнить: знаешь его очень хорошо - и знаешь про то, что именно оно означает, около того ходишь; но вот никак не хочет слово припомниться, как ни бейся над ним!

"Это было... Это было давно... и это было где-то... Тут было... тут было...- ну, да черт с ним совсем, что тут было и не было!..- злобно вскричал он вдруг.- И стоит ли об эту каналью так пакоститься и унижаться!.."

Он рассердился ужасно; но вечером, когда ему вдруг припомнилось, что он давеча рассердился и "ужасно",- ему стало чрезвычайно неприятно: кто-то как будто поймал его в чем-нибудь. Он смутился и удивился:

"Есть же, стало быть, причины, по которым я так злюсь... ни с того ни с сего... при одном воспоминании..." Он не докончил своей мысли.

А на другой день рассердился еще пуще, но в этот раз ему показалось, что есть за что и что он совершенно прав; "дерзость была неслыханная": дело в том, что произошла четвертая встреча. Господин с крепом явился опять, как будто из-под земли. Вельчанинов только что поймал на улице того самого статского советника и нужного господина, которого он и теперь ловил, чтобы захватить хоть на даче нечаянно, потому что этот чиновник, едва знакомый Вельчанинову, но нужный по делу, и тогда, как и теперь, не давался в руки и, очевидно, прятался, всеми силами не желая с своей стороны встретиться с Вельчаниновым; обрадовавшись, что наконец-таки с ним столкнулся, Вельчанинов пошел с ним рядом, спеша, заглядывая ему в глаза и напрягая все силы, чтобы навести седого хитреца на одну тему, на один разговор, в котором тот, может быть, и проговорился бы и выронил бы как-нибудь одно искомое и давно ожидаемое словечко; но седой хитрец был тоже себе на уме, отсмеивался и отмалчивался,- и вот именно в эту чрезвычайно хлопотливую минуту взгляд Вельчанинова вдруг отличил на противуположном тротуаре улицы господина с крепом на шляпе. Он стоял и пристально смотрел оттуда на них обоих; он следил за ними - это было очевидно - и, кажется, даже подсмеивался.

"Черт возьми! - взбесился Вельчанинов, уже проводив чиновника и приписывая всю свою с ним неудачу внезапному появлению этого "нахала",- черт возьми, шпионит он, что ли, за мной! Он, очевидно, следит за мной! Нанят, что ли, кем-нибудь и... и... и, ей-богу же, он подсмеивался! Я, ей-богу, исколочу его... Жаль только, что я хожу без палки! Я куплю палку! Я этого так не оставлю! Кто он такой? Я непременно хочу знать, кто он такой?"

Наконец,- ровно три дня спустя после этой (четвертой) встречи,- мы застаем Вельчанинова в его ресторане, как мы и описывали, уже совершенно и серьезно взволнованного и даже несколько потерявшегося. Не сознаться в этом не мог даже и сам он, несмотря на всю гордость свою. Принужден же был он наконец догадаться, сопоставив все обстоятельства, что всей хандры его, всей этой особенной тоски его и всех его двухнедельных волнений - причиною был не кто иной, как этот самый траурный господин, "несмотря на всю его ничтожность".

"Пусть я ипохондрик,- думал Вельчанинов,- и, стало быть, из мухи готов слона сделать, но, однако же, легче ль мне оттого, что всё это, может быть, только одна фантазия? Ведь если каждая подобная шельма в состоянии будет совершенно перевернуть человека, то ведь это... ведь это..."

Действительно, в этой сегодняшней (пятой) встрече, которая так взволновала Вельчанинова, слон явился совсем почти мухой: господин этот, как и прежде, юркнул мимо, но в этот раз уже не разглядывая Вельчанинова и не показывая, как прежде, вида, что его узнаёт,- а, напротив, опустив глаза и, кажется, очень желая, чтоб его самого не заметили. Вельчанинов оборотился и закричал ему во всё горло:

- Эй, вы! креп на шляпе! Теперь прятаться! Стойте: кто вы такой?

Вопрос (и весь крик) был очень бестолков. Но Вельчанинов догадался об этом, уже прокричав. На крик этот - господин оборотился, на минуту приостановился, потерялся, улыбнулся, хотел было что-то проговорить, что-то сделать, с минуту, очевидно, был в ужаснейшей нерешимости и вдруг - повернулся и побежал прочь без оглядки. Вельчанинов с удивлением смотрел ему вслед.

"А что? - подумал он,- что, если и в самом деле не он ко мне, а я, напротив, к нему пристаю, и вся штука в этом?"

Пообедав, он поскорее отправился на дачу к чиновнику. Чиновника не застал; ответили, что "с утра не возвращались, да вряд ли и возвратятся сегодня раньше третьего или четвертого часа ночи, потому что остались в городе у именинника". Уж это было до того "обидно", что, в первой ярости, Вельчанинов положил было отправиться к имениннику и даже в самом деле поехал; но, сообразив на пути, что заходит далеко, отпустил середи дороги извозчика и потащился к себе пешком, к Большому театру. Он чувствовал потребность моциона. Чтоб успокоить взволнованные нервы, надо было ночью выспаться во что бы то ни стало, несмотря на бессонницу; а чтоб заснуть, надо было по крайней мере хоть устать. Таким образом, он добрался к себе уже в половине одиннадцатого, ибо путь был очень не малый,- и действительно очень устал.

Нанятая им в марте месяце квартира его, которую он так злорадно браковал и ругал, извиняясь сам перед собою, что "все это на походе" и что он "застрял" в Петербурге нечаянно, через эту "проклятую тяжбу",- эта квартира его была вовсе не так дурна и не неприлична как он сам отзывался об ней. Вход был действительно несколько темноват и "запачкан", из-под ворот; но самая квартира, во втором этаже, состояла из двух больших, светлых и высоких комнат, отделенных одна от другой темною переднею и выходивших, таким образом, одна на улицу, другая во двор. К той, которая выходила окнами во двор, прилегал сбоку небольшой кабинет, назначавшийся служить спальней; но у Вельчанинова валялись в нем в беспорядке книги и бумаги; спал же он в одной из больших комнат, той самой, которая окнами выходила на улицу. Стлали ему на диване. Мебель у него стояла порядочная, хотя и подержанная, и находились, кроме того, некоторые даже дорогие вещи - осколки прежнего благосостояния: фарфоровые и бронзовые игрушки, большие и настоящие бухарские ковры; уцелели даже две недурные картины; но всё было в явном беспорядке, не на своем месте и даже запылено, с тех пор как прислуживавшая ему девушка, Пелагея, уехала на побывку к своим родным в Новгород и оставила его одного. Этот странный факт одиночной и девичьей прислуги у холостого и светского человека, всё еще желавшего соблюдать джентльменство, заставлял почти краснеть Вельчанинова, хотя этой Пелагеей он был очень доволен. Эта девушка определилась к нему в ту минуту, как он занял эту квартиру весной, из знакомого семейного дома, отбывшего за границу, и завела у него порядок. Но с отъездом ее он уже другой женской прислуги нанять не решился; нанимать же лакея на короткий срок не стоило, да он и не любил лакеев. Таким образом и устроилось, что комнаты его приходила убирать каждое утро дворничихина сестра Мавра, которой он и ключ оставлял, выходя со двора, и которая ровно ничего не делала, деньги брала и, кажется, воровала. Но он уже на всё махнул рукой и даже был тем доволен, что дома остается теперь совершенно один. Но всё до известной меры - и нервы его решительно не соглашались иногда, в иные желчные минуты, выносить всю эту "пакость", и, возвращаясь к себе домой, он почти каждый раз с отвращением входил в свои комнаты.

Но в этот раз он едва дал себе время раздеться, бросился на кровать и раздражительно решил ни о чем не думать и во что бы то ни стало "сию же минуту" заснуть. И странно, он вдруг заснул, только что голова успела дотронуться до подушки; этого не бывало с ним почти уже с месяц.

Он проспал около трех часов, но сном тревожным; ему снились какие-то странные сны, какие снятся в лихорадке. Дело шло об каком-то преступлении, которое он будто бы совершил и утаил и в котором обвиняли его в один голос беспрерывно входившие к нему откудова-то люди. Толпа собралась ужасная, но люди всё еще не переставали входить, так что и дверь уже не затворялась, а стояла настежь. Но весь интерес сосредоточился наконец на одном странном человеке, каком-то очень ему когда-то близком и знакомом, который уже умер, а теперь почему-то вдруг тоже вошел к нему. Всего мучительнее было то, что Вельчанинов не знал, что это за человек, позабыл его имя и никак не мог вспомнить; он знал только, что когда-то его очень любил. От этого человека как будто и все прочие вошедшие люди ждали самого главного слова: или обвинения, или оправдания Вельчанинова, и все были в нетерпении. Но он сидел неподвижно за столом, молчал и не хотел говорить. Шум не умолкал, раздражение усиливалось, и вдруг Вельчанинов, в бешенстве, ударил этого человека за то, что он не хотел говорить, и почувствовал от этого странное наслаждение. Сердце его замерло от ужаса и от страдания за свой поступок, но в этом-то замиранье и заключалось наслаждение. Совсем остервенясь, он ударил в другой и в третий раз, и в каком-то опьянении от ярости и от страху, дошедшем до помешательства, но заключавшем тоже в себе бесконечное наслаждение, он уже не считал своих ударов, но бил не останавливаясь. Он хотел всё, всё это разрушить. Вдруг что-то случилось; все страшно закричали и обратились, выжидая, к дверям, и в это мгновение раздались звонкие три удара в колокольчик, но с такой силой, как будто его хотели сорвать с дверей. Вельчанинов проснулся, очнулся в один миг, стремглав вскочил с постели и бросился к дверям; он был совершенно убежден, что удар в колокольчик - не сон и что действительно кто-то позвонил к нему сию минуту. "Было бы слишком неестественно, если бы такой ясный, такой действительный, осязательный звон приснился мне только во сне!"

Но, к удивлению его, и звон колокольчика оказался тоже сном. Он отворил дверь и вышел в сени, заглянул даже на лестницу - никого решительно не было. Колокольчик висел неподвижно. Подивившись, но и обрадовавшись, он воротился в комнату. Зажигая свечу, он вспомнил, что дверь стояла только припертая, а не запертая на замок и на крюк. Он и прежде, возвращаясь домой, часто забывал запирать дверь на ночь, не придавая делу особенной важности. Пелагея несколько раз за это ему выговаривала. Он воротился в переднюю запереть двери, еще раз отворил их и посмотрел в сенях и наложил только изнутри крючок, а ключ в дверях повернуть все-таки поленился. Часы ударили половину третьего; стало быть, он спал три часа.

Сон до того взволновал его, что он уже не захотел лечь сию минуту опять и решил с полчаса походить по комнате - "время выкурить сигару". Наскоро одевшись, он подошел к окну, приподнял толстую штофную гардину, а за ней белую стору. На улице уже совсем рассвело. Светлые летние петербургские ночи всегда производили в нем нервное раздражение и в последнее время только помогали его бессоннице, так что он, недели две назад, нарочно завел у себя на окнах эти толстые штофные гардины, не пропускавшие свету, когда их совсем опускали. Впустив свет и забыв на столе зажженную свечку, он стал расхаживать взад и вперед всё еще с каким-то тяжелым и больным чувством. Впечатление сна еще действовало. Серьезное страдание о том, что он мог поднять руку на этого человека и бить его, продолжалось.

- А ведь этого и человека-то нет и никогда не бывало, всё сон, чего же я ною?

С ожесточением, и как будто в этом совокуплялись все заботы его, он стал думать о том, что решительно становится болен, "больным человеком".

Ему всегда было тяжело сознаваться, что он стареет или хиреет, и со злости он в дурные минуты преувеличивал и то и другое, нарочно, чтоб подразнить себя.

- Старчество! совсем старею,- бормотал он, прохаживаясь,- память теряю, привидения вижу, сны, звенят колокольчики... Черт возьми! я по опыту знаю, что такие сны всегда лихорадку во мне означали... Я убежден, что и вся эта "история" с этим крепом - тоже, может быть, сон. Решительно я вчера правду подумал: я, я к нему пристаю, а не он ко мне! Я поэму из него сочинил, а сам под стол от страху залез. И почему я его канальей зову? Человек, может быть, очень порядочный. Лицо, правда, неприятное, хотя ничего особенно некрасивого нет; одет, как и все. Взгляд только какой-то... Опять я за свое! я опять об нем!! и какого черта мне в его взгляде? Жить, что ли, я не могу без этого... висельника?

Между прочими вскакивавшими в его голову мыслями одна тоже больно уязвила его: он вдруг как бы убедился, что этот господин с крепом был когда-то с ним знаком по-приятельски и теперь, встречая его, над ним смеется, потому что знает какой-нибудь его прежний большой секрет и видит его теперь в таком унизительном положении. Машинально подошел он к окну, чтоб отворить его и дохнуть ночным воздухом, и - и вдруг весь вздрогнул: ему показалось, что перед ним внезапно совершилось что-то неслыханное и необычайное.

Окна он еще не успел отворить, но поскорей скользнул за угол оконного откоса и притаился: на пустынном противуположном тротуаре он вдруг увидел, прямо перед домом, господина с крепом на шляпе. Господин стоял на тротуаре лицом к его окнам, но, очевидно, не замечая его, и любопытно, как бы что-то соображая, выглядывал дом. Казалось, он что-то обдумывал и как бы на что-то решался; приподнял руку и как будто приставил палец ко лбу. Наконец решился: бегло огляделся кругом и, на цыпочках, крадучись, стал поспешно переходить через улицу. Так и есть: он прошел в их ворота, в калитку (которая летом иной раз до трех часов не запиралась засовом). "Он ко мне идет",- быстро промелькнуло у Вельчанинова, и вдруг, стремглав и точно так же на цыпочках, пробежал он в переднюю к дверям и - затих перед ними, замер в ожидании, чуть-чуть наложив вздрагивавшую правую руку на заложенный им давеча дверной крюк и прислушиваясь изо всей силы к шороху ожидаемых шагов на лестнице.

Сердце его до того билось, что он боялся прослушать, когда взойдет на цыпочках незнакомец. Факта он не понимал, но ощущал всё в какой-то удесятеренной полноте. Как будто давешний сон слился с действительностью. Вельчанинов от природы был смел. Он любил иногда доводить до какого-то щегольства свое бесстрашие в ожидании опасности - даже если на него и никто не глядел, а только любуясь сам собою. Но теперь было еще и что-то другое. Давешний ипохондрик и мнительный нытик преобразился совершенно; это был уже вовсе не тот человек. Нервный, неслышный смех порывался из его груди. Из-за затворенной двери он угадывал каждое движение незнакомца.

"А! вот он всходит, взошел, осматривается, прислушивается вниз на лестницу; чуть дышит, крадется... а! взялся за ручку, тянет, пробует! рассчитывал, что у меня не заперто! Значит, знал, что я иногда запереть забываю! Опять за ручку тянет; что ж он думает, что крючок соскочит? Расстаться жаль! Уйти жаль попусту?"

И действительно, всё так, наверно, и должно было происходить, как ему представлялось: кто-то действительно стоял за дверьми и тихо, неслышно пробовал замок и потягивал за ручку и,- "уж разумеется, имел свою цель". Но у Вельчанинова уже было готово решение задачи, и он с каким-то восторгом выжидал мгновения, изловчался и примеривался: ему неотразимо захотелось вдруг снять крюк, вдруг отворить настежь дверь и очутиться глаз на глаз с "страшилищем". "А что, дескать, вы здесь делаете, милостивый государь?"

14

Так и случилось; улучив мгновение, он вдруг снял крюк, толкнул дверь и - почти наткнулся на господина с крепом на шляпе.

III

ПАВЕЛ ПАВЛОВИЧ ТРУСОЦКИЙ

Тот как бы онемел на месте. Оба стояли друг против друга, на пороге, и оба неподвижно смотрели друг другу в глаза. Так прошло несколько мгновений, и вдруг - Вельчанинов узнал своего гостя!

В то же время и гость, видимо, догадался, что Вельчанинов совершенно узнал его: это блеснуло в его взгляде. В один миг всё лицо его как бы растаяло в сладчайшей улыбке.

- Я, наверное, имею удовольствие говорить с Алексеем Ивановичем? - почти пропел он нежнейшим и до комизма не подходящим к обстоятельствам голосом.

- Да неужели же вы Павел Павлович Трусоцкий? - выговорил наконец и Вельчанинов с озадаченным видом.

- Мы были с вами знакомы лет девять назад в Т., и - если только позволите мне припомнить - были знакомы дружески.

- Да-с... положим-с... но - теперь три часа, и вы целых десять минут пробовали, заперто у меня или нет...

Три часа! - вскрикнул гость, вынимая часы и даже горестно удивившись,- так точно: три! Извините, Алексей Иванович, я бы должен был, входя, сообразить; даже стыжусь. Зайду и объяснюсь на днях, а теперь...

- Э, нет! уже если объясняться, так не угодно ли сию же минуту! - спохватился Вельчанинов.- Милости просим сюда, через порог; в комнаты-с. Вы ведь, конечно, сами в комнаты намеревались войти, а не для того только явились ночью, чтоб замки пробовать...

Он был и взволнован и вместе с тем как бы опешен и чувствовал, что не может сообразиться. Даже стыдно стало: ни тайны, ни опасности - ничего не оказалось из всей фантасмагории; явилась только глупая фигура какого-то Павла Павловича. Но, впрочем, ему совсем не верилось, что это так просто; он что-то смутно и со страхом предчувствовал. Усадив гостя в кресла, он нетерпеливо уселся на своей постели, на шаг от кресел,

15

принагнулся, уперся ладонями в свои колени и раздражительно ждал, когда тот заговорит. Он жадно его разглядывал и припоминал. Но странно: тот молчал, совсем, кажется, и не понимая, что немедленно "обязан" заговорить; напротив того, сам как бы выжидавшим чего-то взглядом смотрел на хозяина. Могло быть, что он просто робел, ощущая спервоначалу некоторую неловкость, как мышь в мышеловке; но Вельчанинов разозлился.

- Что ж вы! - вскричал он.- Ведь вы, я думаю, не фантазия и не сон! В мертвецы, что ли, вы играть пожаловали? Объяснитесь, батюшка!

Гость зашевелился, улыбнулся и начал осторожно: "Сколько я вижу, вас, прежде всего, даже поражает, что я пришел в такой час и - при особенных таких обстоятельствах-с... Так что, помня всё прежнее и то, как мы расстались-с,- мне даже теперь странно-с... А впрочем, я даже и не намерен был заходить-с, и если уж так вышло, то - нечаянно-с..."

- Как нечаянно! да я вас из окна видел, как вы на цыпочках через улицу перебегали!

- Ах, вы видели! - ну так вы, пожалуй, теперь больше моего про всё это знаете-с! Но я вас только раздражаю... Вот тут что-с: я приехал сюда уже недели с три, по своему делу... Я ведь Павел Павлович Трусоцкий, вы ведь меня сами признали-с. Дело мое в том, что я хлопочу о моем перемещении в другую губернию и в другую службу-с и на место с значительным повышением... Но, впрочем, всё это тоже не то-с!.. Главное, если хотите, в том, что я здесь слоняюсь вот уже третью неделю и, кажется, сам затягиваю мое дело нарочно, то есть о перемещении-то-с, и, право, если даже оно и выйдет, то я, чего доброго, и сам забуду, что оно вышло-с, и не выеду из вашего Петербурга в моем настроении. Слоняюсь, как бы потеряв свою цель и как бы даже радуясь, что ее потерял - в моем настроении-с...

- В каком это настроении? - хмурился Вельчанинов.

Гость поднял на него глаза, поднял шляпу и уже с твердым достоинством указал на креп.

- Да - вот-с в каком настроении!

Вельчанинов тупо смотрел то на креп, то в лицо гостю. Вдруг румянец залил мгновенно его щеки, и он заволновался ужасно.

- Неужели Наталья Васильевна!

- Она-с! Наталья Васильевна! В нынешнем марте... Чахотка и почти вдруг-с, в какие-нибудь два-три месяца! И я остался - как вы видите!

Проговорив это, гость в сильном чувстве развел руки в обе стороны, держа в левой на отлете свою шляпу с крепом, и глубоко наклонил свою лысую голову, секунд по крайней мере на десять.

Этот вид и этот жест вдруг как бы освежили Вельчанинова;

16

насмешливая и даже задирающая улыбка скользнула по его губам,- но покамест на одно только мгновение: известие о смерти этой дамы (с которой он был так давно знаком и так давно уже успел позабыть ее) произвело на него теперь до неожиданности потрясающее впечатление.

- Возможно ли это! - бормотал он первые попавшиеся на язык слова.- И почему же вы прямо не зашли и не объявили?

- Благодарю вас за участие, вижу и ценю его, несмотря...

- Несмотря?

- Несмотря на столько лет разлуки, вы отнеслись сейчас к моему горю, и даже ко мне, с таким совершенным участием, что я, разумеется, ощущаю благодарность. Вот это только я и хотел заявить-с. И не то чтобы я сомневался в друзьях моих, я и здесь, даже сейчас, могу отыскать самых искренних друзей-с (взять только одного Степана Михайловича Багаутова), но ведь нашему с вами, Алексей Иванович, знакомству (пожалуй, дружбе - ибо с признательностию вспоминаю) прошло девять лет-с, к нам вы не возвращались, писем обоюдно не было...

Гость пел, как по нотам, но всё время, пока изъяснялся, глядел в землю, хотя, конечно, всё видел и вверху. Но и хозяин уже успел немного сообразиться.

С некоторым весьма странным впечатлением, всё более и более усиливавшимся, прислушивался и приглядывался он к Павлу Павловичу, и вдруг, когда тот приостановился,- самые пестрые и неожиданные мысли неожиданно хлынули в его голову.

- Да отчего же я вас всё не узнавал до сих пор? - вскричал он оживляясь.- Ведь мы раз пять на улице сталкивались!

- Да; и я это помню; вы мне всё попадались-с,- раза два, даже, пожалуй, и три...

- То есть - это вы мне всё попадались, а не я вам!

Вельчанинов встал и вдруг громко и совсем неожиданно засмеялся. Павел Павлович приостановился, посмотрел внимательно, но тотчас же опять стал продолжать:

- А что вы меня не признали, то, во-первых, могли позабыть-с, и, наконец, у меня даже оспа была в этот срок и оставила некоторые следы на лице.

- Оспа? Да ведь и в самом же деле у него оспа была! да как это вас...

- Угораздило? Мало ли чего не бывает, Алексей Иванович; нет-нет да и угораздит!

- Только все-таки это ужасно смешно. Ну, продолжайте, продолжайте,- друг дорогой!

- Я же хоть и встречал тоже вас-с...

- Стойте! Почему вы сказали сейчас "угораздило"? Я хотел гораздо вежливей выразиться. Ну, продолжайте, продолжайте!

Почему-то ему всё веселее и веселее становилось. Потрясающее впечатление совсем заменилось другим. Он быстрыми шагами ходил по комнате взад и вперед.

- Я же хоть и встречал тоже вас-с и даже, отправляясь сюда, в Петербург, намерен был непременно вас здесь поискать, но, повторяю, я теперь в таком настроении духа... и так умственно разбит с самого с марта месяца...

- Ах да! разбит с марта месяца... Постойте, вы не курите?

- Я ведь, вы знаете, при Наталье Васильевне...

- Ну да, ну да; а с марта-то месяца?

- Папиросочку разве.

- Вот папироска; закуривайте и - продолжайте! продолжайте, вы ужасно меня...

И закурив сигару, Вельчанинов быстро уселся опять на постель. Павел Павлович приостановился.

- Но в каком вы сами-то, однако же, волнении, здоровы ли вы-с?

- Э, к черту об моем здоровье! - обозлился вдруг Вельчанинов.- Продолжайте!

С своей стороны гость, смотря на волнение хозяина, становился довольнее и самоувереннее.

- Да что продолжать-то-с? - начал он опять.- Представьте вы себе, Алексей Иванович, во-первых, человека убитого, то есть не просто убитого, а, так сказать, радикально; человека, после двадцатилетнего супружества переменяющего жизнь и слоняющегося по пыльным улицам без соответственной цели, как бы в степи, чуть не в самозабвении, и в этом самозабвении находящего даже некоторое упоение. Естественно после того, что я и встречу иной раз знакомого или даже истинного друга, да и обойду нарочно, чтоб не подходить к нему в такую минуту, самозабвения-то то есть. А в другую минуту - так всё припомнишь и так возжаждешь видеть хоть какого-нибудь свидетеля и соучастника того недавнего, но невозвратимого прошлого, и так забьется при этом сердце, что не только днем, но и ночью рискнешь броситься в объятия друга, хотя бы даже и нарочно пришлось его для этого разбудить в четвертом часу-с. Я вот только в часе ошибся, но не в дружбе; ибо в сию минуту слишком вознагражден-с. А насчет часу, право, думал, что лишь только двенадцатый, будучи в настроении. Пьешь собственную грусть и как бы упиваешься ею. И даже не грусть, а именно новосостояние-то это и бьет по мне...

- Как вы, однако же, выражаетесь! - как-то мрачно заметил Вельчанинов, ставший вдруг опять ужасно серьезным.

- Да-с, странно и выражаюсь-с...

- А вы... не шутите?

- Шучу! - воскликнул Павел Павлович в скорбном недоумении,- и в ту минуту, когда возвещаю...

- Ах, замолчите об этом, прошу вас!

Вельчанинов встал и опять зашагал по комнате.

Так и прошло минут пять. Гость тоже хотел было привстать, но Вельчанинов крикнул: "Сидите, сидите!" - и тот тотчас же послушно опустился в кресла.

- А как, однако же, вы переменились! - заговорил опять Вельчанинов, вдруг останавливаясь перед ним - точно как бы внезапно пораженный этой мыслию.- Ужасно переменились! Чрезвычайно! Совсем другой человек!

- Не мудрено-с: девять лет-с.

- Нет-нет-нет, не в годах дело! вы наружностию еще не бог знает как изменились; вы другим изменились!

- Тоже, может быть, девять лет-с.

- Или с марта месяца!

- Хе-хе,- лукаво усмехнулся Павел Павлович,- у вас игривая мысль какая-то... Но, если осмелюсь,- в чем же собственно изменение-то?

- Да чего тут! Прежде был такой солидный и приличный Павел Павлович, такой умник Павел Павлович, а теперь - совсем vaurien[1] Павел Павлович!

Он был в той степени раздражения, в которой самые выдержанные люди начинают иногда говорить лишнее.

- Vaurien! вы находите? И уж больше не умник? Не умник? - с наслаждением хихикал Павел Павлович.

- Какой черт умник! Теперь, пожалуй, и совсем умный.

"Я нагл, а эта каналья еще наглее! И... и какая у него цель?" - всё думал Вельчанинов.

- Ах, дражайший, ах, бесценнейший Алексей Иванович! - заволновался вдруг чрезвычайно гость и заворочался в креслах.- Да ведь нам что? Ведь не в свете мы теперь, не в великосветском блистательном обществе! Мы - два бывшие искреннейшие и старейшие приятеля и, так сказать, в полнейшей искренности сошлись и вспоминаем обоюдно ту драгоценную связь, в которой покойница составляла такое драгоценнейшее звено нашей дружбы!

---

[1] повеса (франц.).

И он как бы до того увлекся восторгом своих чувств, что склонил опять, по-давешнему, голову, лицо же закрыл теперь шляпой. Вельчанинов с отвращением и с беспокойством приглядывался.

"А что, если это просто шут? - мелькнуло в его голове.- Но н-нет, н-нет! кажется, он не пьян,- впрочем, может быть, и пьян; красное лицо. Да хотя бы и пьян,- всё на одно выйдет. С чем он подъезжает? Чего хочется этой каналье?"

- Помните, помните,- выкрикивал Павел Павлович, помаленьку отнимая шляпу и как бы всё сильнее и сильнее увлекаясь воспоминаниями,- помните ли вы наши загородные поездки, наши вечера и вечеринки с танцами и невинными играми у его превосходительства гостеприимнейшего Семена Семеновича? А наши вечерние чтения втроем? А наше первое с вами знакомство, когда вы вошли ко мне утром, для справок по вашему делу, и стали даже кричать-с, и вдруг вышла Наталья Васильевна, и через десять минут вы уже стали нашим искреннейшим другом дома ровно на целый год-с - точь-в-точь как в "Провинциалке", пиесе господина Тургенева...

Вельчанинов медленно прохаживался, смотрел в землю, слушал с нетерпением и отвращением, но - сильно слушал.

- Мне и в голову не приходила "Провинциалка",- перебил он, несколько теряясь,- и никогда вы прежде не говорили таким пискливым голосом и таким... не своим слогом. К чему это?

- Я действительно прежде больше молчал-с, то есть был молчаливее-с,- поспешно подхватил Павел Павлович,- вы знаете, я прежде больше любил слушать, когда заговаривала покойница. Вы помните, как она разговаривала, с каким остроумием-с... А насчет "Провинциалки" и собственно насчет Ступендьева,- то вы и тут правы, потому что мы это сами потом, с бесценной покойницей в иные тихие минуты вспоминая о вас-с, когда вы уже уехали,- приравнивали к этой театральной пиесе нашу первую встречу... потому что ведь и в самом деле было похоже-с. А собственно уж насчет Ступендьева...

- Какого это Ступендьева, черт возьми! - закричал Вельчанинов и даже топнул ногой, совершенно уже смутившись при слове "Ступендьев", по поводу некоторого беспокойного воспоминания, замелькавшего в нем при этом слове.

- А Ступендьев - это роль-с, театральная роль, роль мужа в пиесе "Провинциалка",- пропищал сладчайшим голосом Павел Павлович,- но это уже относится к другому разряду дорогих и прекрасных наших воспоминаний, уже после вашего отъезда, когда Степан Михайлович Багаутов подарил нас своею дружбою, совершенно как вы-с, и уже на целых пять лет.

- Багаутов? Что такое? Какой Багаутов? - как вкопанный остановился вдруг Вельчанинов.

- Багаутов, Степан Михайлович, подаривший нас своею дружбою ровно через год после вас и... подобно вам-с.

- Ах, боже мой, ведь я же это знаю!- вскрикнул Вельчанинов, сообразив наконец.- Багаутов! да ведь он же служил у вас...

- Служил, служил! при губернаторе! Из Петербурга, самого высшего общества изящнейший молодой человек! - в решительном восторге выкрикивал Павел Павлович.

- Да-да-да! Что ж я! ведь и он тоже...

- И он тоже, и он тоже! - в том же восторге вторил Павел Павлович, подхватив неосторожное словцо хозяина,- и он тоже! И вот тут-то мы и играли "Провинциалку", на домашнем театре, у его превосходительства гостеприимнейшего Семена Семеновича,- Степан Михайлович - графа, я - мужа, а покойница - провинциалку,- но только у меня отняли роль мужа по настоянию покойницы, так что я и не играл мужа, будто бы по неспособности-с...

- Да какой черт вы Ступендьев! Вы прежде всего Павел Павлович Трусоцкий, а не Ступендьев! - грубо, не церемонясь и чуть не дрожа от раздражения, проговорил Вельчанинов.- Только позвольте: этот Багаутов здесь, в Петербурге; я сам его видел, весной видел! Что ж вы к нему-то тоже не идете?

- Каждый божий день захожу, вот уже три недели-с. Не принимают! Болен, не может принять! И представьте, из первейших источников узнал, что ведь и вправду чрезвычайно опасно болен! Этакой-то шестилетний друг! Ах, Алексей Иванович, говорю же вам и повторяю, что в таком настроении иногда провалиться сквозь землю желаешь, даже взаправду-с; а в другую минуту так бы, кажется, взял да и обнял, и именно кого-нибудь вот из прежних-то этих, так сказать, очевидцев и соучастников, и единственно для того только, чтоб заплакать, то есть совершенно больше ни для чего, как чтоб только заплакать!..

- Ну, однако же, довольно с вас на сегодня, ведь так? - резко проговорил Вельчанинов.

- Слишком, слишком довольно! - тотчас же поднялся с места Павел Павлович.- Четыре часа, и, главное, я вас так эгоистически потревожил...

- Слушайте же: я к вам сам зайду, непременно, и тогда уж надеюсь... Скажите мне прямо, откровенно скажите: вы не пьяны сегодня?

- Пьян? Ни в одном глазу...

- Не пили перед приходом или раньше?

- Знаете, Алексей Иванович, у вас совершенная лихорадка-с.

- Завтра же зайду, утром, до часу...

- И давно уже замечаю, что вы почти как в бреду с наслаждением перебивал и налегал на эту тему

Павел Павлович.- Мне так, право, совестно, что я моею неловкостию... но иду, иду! А вы лягте-ка и засните-ка!

- А что ж вы не сказали, где живете? - спохватился и закричал ему вдогонку Вельчанинов.

- А разве не сказал-с? в Покровской гостинице...

- В какой еще Покровской гостинице?

- Да у самого Покрова, тут, в переулке-с,- вот забыл, в каком переулке, да и номер забыл, только близ самого Покрова...

- Отыщу!

- Милости просим дорогого гостя.

Он уже выходил на лестницу.

- Стойте! - крикнул опять Вельчанинов.- Вы не удерете?

- То есть как "удерете"? - вытаращил глаза Павел Павлович, поворачиваясь и улыбаясь с третьей ступеньки.

Вместо ответа Вельчанинов шумно захлопнул дверь, тщательно запер ее и насадил в петлю крюк. Воротясь в комнату, он плюнул, как бы чем-нибудь опоганившись.

Простояв минут пять неподвижно среди комнаты, он бросился на постель, совсем уже не раздеваясь, и в один миг заснул. Забытая свечка так и догорела до конца на столе.

IV

ЖЕНА, МУЖ И ЛЮБОВНИК

Он спал очень крепко и проснулся ровно в половине десятого; мигом приподнялся, сел на постель и тотчас же начал думать о смерти "этой женщины".

Потрясающее вчерашнее впечатление при внезапном известии об этой смерти оставило в нем какое-то смятение и даже боль. Это смятение и боль были только заглушены в нем на время одной странной идеей вчера, при Павле Павловиче. Но теперь, при пробуждении, всё, что было девять лет назад, предстало вдруг перед ним с чрезвычайною яркостью.

Эту женщину, покойную Наталью Васильевну, жену "этого

22

Трусоцкого", он любил и был ее любовником, когда по своему делу (и тоже по поводу процесса об одном наследстве) он оставался в Т. целый год,- хотя собственно дело и не требовало такого долгого срока его присутствия; настоящей же причиной была эта связь. Связь и любовь эта до того сильно владели им, что он был как бы в рабстве у Натальи Васильевны и, наверно, решился бы тотчас на что-нибудь даже из самого чудовищного и бессмысленного, если б этого потребовал один только малейший каприз этой женщины. Ни прежде, ни потом никогда не было с ним ничего подобного. В конце года, когда разлука была уже неминуема, Вельчанинов был в таком отчаянии при приближении рокового срока,- в отчаянии, несмотря на то что разлука предполагалась на самое короткое время,- что предложил Наталье Васильевне похитить ее, увести от мужа, бросить всё и уехать с ним за границу навсегда. Только насмешки и твердая настойчивость этой дамы (вполне одобрявшей этот проект вначале, но, вероятно, только от скуки или чтобы посмеяться) могли остановить его и понудить уехать одного. И что же? Не прошло еще двух месяцев после разлуки, как он в Петербурге уже задавал себе тот вопрос, который так и остался для него навсегда не разрешенным: любил ли в самом деле он эту женщину, или всё это было только одним "наваждением"? И вовсе не от легкомыслия или под влиянием начавшейся в нем новой страсти зародился в нем этот вопрос: в эти первые два месяца в Петербурге он был в каком-то исступлении и вряд ли заметил хоть одну женщину, хотя тотчас же пристал к прежнему обществу и успел увидеть сотню женщин. Впрочем, он отлично хорошо знал, что очутись он тотчас опять в Т., то немедленно подпадет снова под всё гнетущее обаяние этой женщины, несмотря на все зародившиеся вопросы. Даже пять лет спустя он был в том же самом убеждении. Но пять лет спустя он уже признавался в этом себе с негодованием и даже об самой "женщине этой" вспоминал с ненавистью. Он стыдился своего т-ского года; он не мог понять даже возможности такой "глупой" страсти для него, Вельчанинова! Все воспоминания об этой страсти обратились для него в позор; он краснел до слез и мучился угрызениями. Правда, еще через несколько лет он уже несколько успел себя успокоить он постарался всё это забыть - и почти успел. И вот вдруг девять лет спустя, всё это так внезапно и странно воскресает перед ним опять после вчерашнего известия о смерти Натальи Васильевны.

Теперь, сидя на своей постели, с смутными мыслями, беспорядочно толпившимися в его голове, он чувствовал и сознавал ясно только одно,- что, несмотря на всё вчерашнее "потрясающее впечатление" при этом известии, он все-таки очень спокоен насчет того, что она умерла. "Неужели я о ней даже и не пожалею?" - спрашивал он себя. Правда, он уже не ощущал к ней теперь ненависти и мог беспристрастнее, справедливее судить о ней. По его мнению, уже давно, впрочем, сформировавшемуся в этот девятилетний срок разлуки, Наталья Васильевна принадлежала к числу самых обыкновенных провинциальных дам из "хорошего" провинциального общества, и - "кто знает, может, так оно и было, и только я один составил из нее такую фантазию?" Он, впрочем, всегда подозревал, что в этом мнении могла быть и ошибка; почувствовал это и теперь. Да и факты противоречили; этот Багаутов был несколько лет тоже с нею в связи и, кажется, тоже "под всем обаянием". Багаутов, действительно, был молодой человек из лучшего петербургского общества и, так как он "человек пустейший" (говорил об нем Вельчанинов), то, стало быть, мог сделать свою карьеру только в одном Петербурге. Но вот, однако же, он пренебрег Петербургом, то есть главнейшею своею выгодою, и потерял же пять лет в Т. единственно для этой женщины! Да и воротился наконец в Петербург, может, потому только, что и его тоже выбросили, как "старый, изношенный башмак". Значит, было же в этой женщине что-то такое необыкновенное - дар привлечения, порабощения и владычества!

А между тем, казалось бы, она и средств не имела, чтобы привлекать и порабощать: "собой была даже и не так чтобы хороша; а может быть, и просто нехороша". Вельчанинов застал ее уже двадцати восьми лет. Не совсем красивое ее лицо могло иногда приятно оживляться, но глаза были нехороши: какая-то излишняя твердость была в ее взгляде. Она была очень худа. Умственное образование ее было слабое; ум был бесспорный и проницательный, но почти всегда односторонний. Манеры светской провинциальной дамы и при этом, правда, много такту; изящный вкус, но преимущественно в одном только уменье одеться. Характер решительный и владычествующий; примирения наполовину с нею быть не могло ни в чем: "или всё, или ничего". В делах затруднительных твердость и стойкость удивительные. Дар великодушия и почти всегда с ним же рядом - безмерная несправедливость. Спорить с этой барыней было невозможно: дважды два для нее никогда ничего не значили. Никогда ни в чем не считала она себя несправедливою или виноватою. Постоянные и бесчисленные измены ее мужу нисколько не тяготили ее совести. По сравнению самого Вельчанинова, она была как "хлыстовская богородица", которая в высшей степени сама верует в то, что она и в самом деле богородица,- в высшей степени веровала и Наталья Васильевна в каждый из своих поступков. Любовнику она была верна - впрочем, только до тех пор, пока он не наскучил. Она любила мучить любовника, но любила и награждать. Тип был страстный, жестокий и чувственный. Она ненавидела разврат, осуждала его с неимоверным ожесточением и - сама была развратна. Никакие факты не могли бы никогда привести ее к сознанию в своем собственном разврате. "Она, наверно, искренно не знает об этом",- думал Вельчанинов об ней еще в Т. (Заметим мимоходом, сам участвуя в ее разврате). "Это одна из тех женщин,- думал он,- которые как будто для того и родятся, чтобы быть неверными женами. Эти женщины никогда не падают в девицах; закон природы их - непременно быть для этого замужем. Муж - первый любовник, но не иначе, как после венца. Никто ловче и легче их не выходит замуж. В первом любовнике всегда муж виноват. И всё происходит в высшей степени искренно; они до конца чувствуют себя в высшей степени справедливыми и, конечно, совершенно невинными".

Вельчанинов был убежден, что действительно существует такой тип таких женщин; но зато был убежден, что существует и соответственный этим женщинам тип мужей, которых единое назначение заключается только в том, чтобы соответствовать этому женскому типу. По его мнению, сущность таких мужей состоит в том, чтоб быть, так сказать, "вечными мужьями" или, лучше сказать, быть в жизни только мужьями и более уж ничем. "Такой человек рождается и развивается единственно для того, чтобы жениться, а женившись, немедленно обратиться в придаточное своей жены, даже и в том случае, если б у него случился и свой собственный, неоспоримый характер. Главный признак такого мужа - известное украшение. Не быть рогоносцем он не может, точно так же как не может солнце не светить; но он об этом не только никогда не знает, но даже и никогда не может узнать по самым законам природы". Вельчанинов глубоко верил, что существуют эти два типа и что Павел Павлович Трусоцкий в Т. был совершенным представителем одного из них. Вчерашний Павел Павлович, разумеется, был не тот Павел Павлович, который был ему известен в Т. Он нашел, что он до невероятности изменился, но Вельчанинов знал, что он и не мог не измениться и что всё было совершенно естественно; господин Трусоцкий мог быть всем тем, чем был прежде, только при жизни жены, а теперь это была только часть целого, выпущенная вдруг на волю, то есть что-то удивительное и ни на что не похожее.

Что же касается до т-ского Павла Павловича, то вот что упомнил о нем и припомнил теперь Вельчанинов:

"Конечно, Павел Павлович в Т. был только муж", и ничего более. Если, например, он был, сверх того, и чиновник, то единственно потому, что для него и служба обращалась, так сказать, в одну из обязанностей его супружества; он служил для жены и для ее светского положения в Т., хотя и сам по себе был весьма усердным чиновником. Ему было тогда тридцать пять лет и обладал он некоторым состоянием, даже и не совсем

25

маленьким. На службе особенных способностей не выказывал, но не выказывал и неспособности. Водился со всем, что было высшего в губернии, и слыл на прекрасной ноге. Наталью Васильевну в Т. совершенно уважали; она, впрочем, и не очень это ценила, принимая как должное, но у себя умела всегда принять превосходно, причем Павел Павлович был так ею вышколен, что мог иметь облагороженные манеры даже и при приеме самых высших губернских властей. Может быть (казалось Вельчанинову), у него был и ум; но так как Наталья Васильевна не очень любила, когда супруг ее много говорил, то ума и нельзя было очень заметить. Может быть, он имел много прирожденных хороших качеств, равно как и дурных. Но хорошие качества были как бы под чехлом, а дурные поползновения были заглушены почти окончательно. Вельчанинов помнил, например, что у господина Трусоцкого рождалось иногда поползновение посмеяться над своим ближним; но это было ему строго запрещено. Любил он тоже иногда что-нибудь рассказать; но и над этим наблюдалось: рассказать позволялось только что-нибудь понезначительнее и покороче. Он склонен был к приятельскому кружку вне дома и даже - выпить с приятелем; но последнее даже в корень было истреблено. И при этом черта: взглянув снаружи, никто не мог бы сказать, что это муж под башмаком; Наталья Васильевна казалась совершенно послушною женой и даже, может быть, сама была в этом уверена. Могло быть, что Павел Павлович любил Наталью Васильевну без памяти; но заметить этого не мог никто, и даже было невозможно, вероятно, тоже по домашнему распоряжению самой Натальи Васильевны. Несколько раз в продолжение своей т-ской жизни спрашивал себя Вельчанинов: подозревает ли его этот муж хоть сколько-нибудь в связи с своей женой? Несколько раз он спрашивал об этом серьезно Наталью Васильевну и всегда получал в ответ, высказанный с некоторой досадой, что муж ничего не знает, и никогда ничего не может узнать, и что "всё, что есть, совсем не его дело". Еще черта с ее стороны: над Павлом Павловичем она никогда не смеялась и ни в чем не находила его ни смешным, ни очень дурным, и даже очень бы заступилась за него, если бы кто осмелился оказать ему какую-нибудь неучтивость. Не имея детей, она, естественно, должна была обратиться преимущественно в светскую женщину; но и свой дом был ей необходим. Светские удовольствия никогда не царили над нею вполне, и дома она очень любила заниматься хозяйством и рукодельями. Павел Павлович вспомнил вчера об их семейных чтениях в Т. по вечерам; это бывало: читал Вельчанинов, читал и Павел Павлович; к удивлению Вельчанинова, он очень хорошо умел читать вслух. Наталья Васильевна при этом что-нибудь вышивала и выслушивала чтение всегда спокойно и ровно. Читались романы Диккенса, что-нибудь из русских журналов, а иногда что-нибудь и из "серьезного". Наталья Васильевна высоко ценила образованность Вельчанинова, но молчаливо, как дело поконченное и решенное, о котором уже нечего больше и говорить; вообще же ко всему книжному и ученому относилась равнодушно, как совершенно к чему-то постороннему, хотя, может бы, и полезному; Павел же Павлович иногда с некоторым жаром.

Т-ская связь порвалась вдруг, достигнув со стороны Вельчанинова самого полного верха и даже почти безумия. Его просто и вдруг прогнали, хотя все устроилось, так что он уехал совершенно не ведая, что уже выброшен "как старый, негодный башмак". Тут в Т., месяца за полтора до его отбытия, появился один молоденький артиллерийский офицерик, только что выпущенный из корпуса и повадился ездить к Трусоцким; вместо троих очутилось четверо. Наталья Васильевна принимала мальчика благосклонно, но обращалась с ним как с мальчиком. Вельчанинову было решительно ничего невдомек, да и не до того ему было тогда, так как ему вдруг объявили о необходимости разлуки. Одною из сотни причин для непременного и скорейшего его отъезда, выставленных Натальей Васильевной, была и та, что ей показалось, будто она беременна; а потому и естественно, что ему надо непременно и сейчас же скрыться хоть месяца на три или на четыре, чтобы через девять месяцев мужу труднее было в чем-нибудь усумниться, если б и вышла потом какая-нибудь клевета. Аргумент был довольно натянутый. После бурного предложения Вельчанинова бежать в Париж или в Америку он уехал один в Петербург, "без сомнения, на одну только минутку", то есть не более как на три месяца, иначе он не уехал бы ни за что, несмотря ни на какие причины и аргументы. Ровно через два месяца он получил в Петербурге от Натальи Васильевны письмо с просьбою не приезжать никогда, потому что она уже любила другого; про беременность же свою уведомляла, что она ошиблась. Уведомление об ошибке было лишнее, ему всё уже было ясно: он вспомнил про офицерика. Тем дело и кончилось навсегда. Слышал как-то он потом, уже несколько лет спустя, что там очутился Багаутов и пробыл целые пять лет. Такую безмерную продолжительность связи он объяснил себе, между прочим, и тем, что Наталья Васильевна, верно, уже сильно постарела, а потому и сама стала привязчивее.

Он просидел на своей кровати почти час; наконец опомнился, позвонил Мавру с кофеем, выпил наскоро, оделся и ровно в одиннадцать часов отправился к Покрову отыскивать Покровскую гостиницу. Насчет собственно Покровской гостиницы в нем сформировалось теперь особое, уже утрешнее впечатление. Между прочим, ему было даже несколько совестно за вчерашнее свое обращение с Павлом Павловичем, и это надо было теперь разрешить.

Всю вчерашнюю фантасмагорию с замком у дверей он объяснял случайностию, пьяным видом Павла Павловича и, пожалуй, еще кое-чем, но, в сущности, не совсем точно знал, зачем он идет теперь завязывать какие-то новые отношения с прежним мужем, тогда как всё так естественно и само собою между ними покончилось. Его что-то влекло; было тут какое-то особое впечатление, и вследствие этого впечатления его влекло...

V

ЛИЗА

Павел Павлович "удирать" и не думал, да и бог знает для чего Вельчанинов ему сделал вчера этот вопрос; подлинно сам был в затмении. По первому спросу в мелочной лавочке у Покрова ему указали Покровскую гостиницу, в двух шагах в переулке. В гостинице объяснили, что господин Трусоцкий "стали" теперь тут же на дворе, во флигеле, в меблированных комнатах у Марьи Сысоевны. Поднимаясь по узкой, залитой и очень нечистой каменной лестнице флигеля во второй этаж, где были эти комнаты, он вдруг услышал плач. Плакал как будто ребенок, лет семи-восьми; плач был тяжелый, слышались заглушаемые, но прорывающиеся рыдания, а вместе с ними топанье ногами и тоже как бы заглушаемые, но яростные окрики, какой-то сиплой фистулой, но уже взрослого человека. Этот взрослый человек, казалось, унимал ребенка и очень не желал, чтобы плач слышали, но шумел больше его. Окрики были безжалостные, а ребенок точно как бы умолял о прощении. Вступив в небольшой коридор, по обеим сторонам которого было по две двери, Вельчанинов встретил одну очень толстую и рослую бабу, растрепанную по-домашнему, и спросил ее о Павле Павловиче. Она ткнула пальцем на дверь, из-за которой слышен был плач. Толстое и багровое лицо этой сорокалетней бабы было в некотором негодовании.

- Вишь, ведь потеха ему! - пробасила она вполголоса и прошла на лестницу. Вельчанинов хотел было постучаться, но раздумал и прямо отворил дверь к Павлу Павловичу. В небольшой комнате, грубо, но обильно меблированной простой крашеной мебелью, посредине стоял Павел Павлович, одетый лишь до половины, без сюртука и без жилета, и с

28

раздраженным красным лицом унимал криком жестами, а может быть (показалось Вельчанинову) и пинками, маленькую девочку, лет восьми, одетую бедно хотя и барышней, в черном шерстяном коротеньком платьице. Она, казалось, была в настоящей истерике, истерически всхлипывала и тянулась руками к Павлу Павловичу, как бы желая охватить его, обнять его, умолить и упросить о чем-то. В одно мгновение все изменилось: увидев гостя, девочка вскрикнула и стрельнула в соседнюю крошечную комнатку, а Павел Павлович, на мгновение озадаченный, тотчас же весь растаял в улыбке, точь-в-точь как вчера, когда Вельчанинов вдруг отворил дверь к нему на лестницу.

- Алексей Иванович! - вскричал он в решительном удивлении.- Никоим образом не мог ожидать... но вот сюда, сюда! Вот здесь, на диван, или сюда, в кресла, а я...- И он бросился одевать сюртук, забыв надеть жилет.

- Не церемоньтесь, оставайтесь в чем вы есть,- Вельчанинов уселся на стул.

- Нет, уж позвольте-с поцеремониться; вот я теперь и поприличнее. Да куда ж вы уселись в углу? Вот сюда, в кресла, к столу бы... Ну, не ожидал, не ожидал!

Он тоже уселся на краешке плетеного стула, но не рядом с "неожиданным" гостем, а поворотив стул углом, чтобы сесть более лицом к Вельчанинову.

- Почему ж не ожидали? Ведь я именно назначил вчера, что приду к вам в это время?

- Думал, что не придете-с; и как сообразил всё вчерашнее проснувшись, так решительно уж отчаялся вас увидеть, даже навсегда-с.

Вельчанинов меж тем осмотрелся кругом. Комната была в беспорядке, кровать не убрана, платье раскидано, на столе стаканы с выпитым кофеем, крошки хлеба и бутылка шампанского, до половины не допитая, без пробки и со стаканом подле. Он накосился взглядом в соседнюю комнату, но там всё было тихо; девочка притаилась и замерла.

- Неужто вы пьете это теперь? - указал Вельчанинов на шампанское.

- Остатки-с...- сконфузился Павел Павлович.

- Ну переменились же вы!

- Дурные привычки и вдруг-с. Право, с того срока; не лгу-с! Удержать себя не могу. Теперь не беспокойтесь, Алексей Иванович, я теперь не пьян и не стану нести околесины, как вчера у вас-с, но верно вам говорю: всё с того срока-с! И скажи мне кто-нибудь еще полгода назад, что я вдруг так расшатаюсь, как вот теперь-с, покажи мне тогда меня самого в зеркале - не поверил бы!

- Стало быть, вы были же вчера пьяны?

- Был-с,- вполголоса признался Павел Павлович, конфузливо опуская глаза,- и видите ли-с: не то что пьян, а уж несколько позже-с. Я это для того объяснить желаю, что позже у меня хуже-с: хмелю уж немного, а жестокость какая-то и безрассудство остаются, да и горе сильнее ощущаю. Для горя-то, может, и пью-с. Тут-то я и накуролесить могу совсем даже глупо-с и обидеть лезу. Должно быть, себя очень странно вам представил вчера?

- Вы разве не помните?

- Как не помнить, всё помню-с...

- Видите, Павел Павлович, я совершенно так же подумал и объяснил себе,- примирительно сказал Вельчанинов,- сверх того, я сам вчера был с вами несколько раздражителен и... излишне нетерпелив, в чем сознаюсь охотно. Я не совсем иногда хорошо себя чувствую, и нечаянный приход ваш ночью...

- Да, ночью, ночью! - закачал головой Павел Павлович, как бы удивляясь и осуждая.- И как это меня натолкнуло! Ни за что бы я к вам не зашел, если б вы только сами не отворили-с; от дверей бы ушел-с. Я к вам, Алексей Иванович, с неделю тому назад заходил и вас не застал, но потом, может быть, и никогда не зашел бы в другой раз-с. Все-таки и я немножко горд тоже, Алексей Иванович, хоть и сознаю себя... в таком состоянии. Мы и на улице встречались, да всё думаю: а ну как не узнает, а ну как отвернется, девять лет не шутка,- и не решался подойти. А вчера с Петербургской стороны брел, да и час забыл-с. Всё от этого (он указал на бутылку), да от чувства-с. Глупо! очень-с! и будь человек не таков, как вы,- потому что ведь пришли же вы ко мне даже после вчерашнего, вспомня старое,- так я бы даже надежду потерял знакомство возобновить.

Вельчанинов слушал со вниманием. Человек этот говорил, кажется, искренно и с некоторым даже достоинством; а между тем он ничему не верил с самой той минуты, как вошел к нему.

- Скажите, Павел Павлович, вы здесь, стало быть, не один? Чья это девочка, которую я застал при вас давеча?

- Павел Павлович даже удивился и поднял брови, но ясно и приятно посмотрел на Вельчанинова.

- Как чья девочка? да ведь это Лиза! - проговорил он приветливо улыбаясь.

- Какая Лиза? - пробормотал Вельчанинов, и что-то вдруг как бы дрогнуло в нем. Впечатление было слишком внезапное. Давеча, войдя и увидев Лизу, он хоть и подивился, но не ощутил в себе решительно никакого предчувствия, никакой особенной мысли.

- Да наша Лиза, дочь наша Лиза! - улыбался Павел Павлович.

- Как дочь? Да разве у вас с Натальей... с покойной Натальей

30

Васильевной были дети? - недоверчиво и робко спросил Вельчанинов каким-то уж очень тихим голосом.

- Да как же-с? Ах, боже мой, да ведь и в самом деле от кого же вы могли знать? Что ж это я! это уже после вас нам бог даровал!

Павел Павлович привскочил даже со стула от некоторого волнения, впрочем тоже как бы приятного.

- Я ничего не слыхал,- сказал Вельчанинов и - побледнел.

- Действительно, действительно, от кого же вам было и узнать-с! - повторил Павел Павлович расслабленно-умиленным голосом.- Мы ведь и надежду с покойницей потеряли, сами ведь вы помните, и вдруг благословляет господь, и что со мной тогда было,- это ему только одному известно! ровно, кажется, через год после вас! или нет, не через год, далеко нет, постойте-с: вы ведь от нас тогда, если не ошибаюсь памятью, в октябре или даже в ноябре выехали?

- Я уехал из Т. в начале сентября, двенадцатого сентября; я хорошо помню...

- Неужели в сентябре? гм... что ж это я? - очень удивился Павел Павлович.- Ну, так если так, то позвольте же: вы выехали сентября двенадцатого-с, а Лиза родилась мая восьмого, это, стало быть, сентябрь - октябрь - ноябрь - декабрь - январь - февраль - март- апрель,- через восемь месяцев с чем-то-с, вот-с! и если б вы только знали, как покойница...

- Покажите же мне... позовите же ее...- каким-то срывавшимся голосом пролепетал Вельчанинов.

- Непременное! - захлопотал Павел Павлович, тот час же прерывая то, что хотел сказать, как вовсе ненужное,- сейчас, сейчас вам представлю-с! - и торопливо отправился в комнату к Лизе.

Прошло, может быть, целых три или четыре минуты, в комнатке скоро и быстро шептались, и чуть-чуть послышались звуки голоса Лизы; "она просит, чтобы ее не выводили",- думал Вельчанинов. Наконец вышли.

- Вот-с, все конфузится,- сказал Павел Павлович,- стыдливая такая, гордая-с... и вся-то в покойницу!

Лиза вышла уже без слез, с опущенными глазами; отец вел ее за руку. Это была высоконькая, тоненькая и очень хорошенькая девочка. Она быстро подняла свои большие голубые глаза на гостя, с любопытством, но угрюмо посмотрела на него и тотчас же опять опустила глаза. Во взгляде ее была та детская важность, когда дети, оставшись одни с незнакомым, уйдут в угол и оттуда важно и недоверчиво поглядывают на нового, никогда еще и не бывшего гостя; но была, может быть, и другая, как бы уж и не детская мысль,- так показалось Вельчанинову. Отец подвел ее к нему вплоть.

- Вот этот дяденька мамашу знал прежде, друг наш был, ты не дичись, протяни руку-то.

Девочка слегка наклонилась и робко протянула руку.

- У нас Наталья Васильевна-с не хотела учить ее приседать в знак приветствия, а так на английский манер слегка наклониться и протянуть гостю руку,- прибавил он в объяснение Вельчанинову, пристально в него всматриваясь.

Вельчанинов знал, что он всматривается, но совсем уже не заботился скрывать свое волнение; он сидел на стуле не шевелясь, держал руку Лизы в своей руке и пристально вглядывался в ребенка. Но Лиза была чем-то очень озабочена и, забыв свою руку в руке гостя, не сводила глаз с отца. Она боязливо прислушивалась ко всему, что он говорил. Вельчанинов тотчас же признал эти большие голубые глаза, но всего более поразили его удивительная, необычайно нежная белизна ее лицами цвет волос; эти признаки были слишком для него значительны. Оклад лица и склад губ, напротив того, резко напоминал Наталью Васильевну. Павел Павлович между тем давно уже начал что-то рассказывать, казалось с чрезвычайным жаром и чувством, но Вельчанинов совсем не слыхал его. Он захватил только одну последнюю фразу:

- ...так что вы, Алексей Иванович, даже и вообразить не можете нашей радости при этом даре господнем-с! Дли меня она всё составила своим появлением, так что если б и исчезло по воле божьей мое тихое счастье,- так вот, думаю, останется мне Лиза; вот что по крайней мере я твердо знал-с!

- А Наталья Васильевна? - спросил Вельчанинов.

- Наталья Васильевна? - покривился Павел Павлович - Ведь вы ее знаете, помните-с, она много высказывать не любила, но зато как прощалась с нею на смертном одре... тут-то вот всё и высказалось-с! И вот я вам сказал сейчас "на смертном одре-с"; а меж тем вдруг, за день уже до смерти, волнуется, сердится,- говорит, что ее лекарствами залечить хотят, что у ней одна только простая лихорадка, и оба наши доктора ничего не смыслят, и как только вернется Кох (помните, штаб-лекарь-то наш, старичок), так она через две недели встанет с постели! Да куда, уже за пять только часов до отхода вспоминала, что через три недели непременно надо тетку, именинницу, посетить, в имении ее, Лизину крестную мать-с...

Вельчанинов вдруг поднялся со стула, всё еще не выпуская ручку Лизы. Ему, между прочим, показалось, что в горячем взгляде девочки, устремленном на отца, было что-то укорительное.

- Она не больна? - как-то странно, торопливо спросил он.

- Кажется бы, нет-с, но... обстоятельства-то вот наши так здесь

32

сошлись,- проговорил Павел Павлович с горестною заботливостью,- ребенок странный и без того-с нервный, после смерти матери больна была две недели, истерическая-с. Давеча ведь какой у нас плач был, как вы вошли-с,- слышишь, Лиза, слышишь? - а ведь из-за чего-с? Всё в том, что я ухожу и ее оставляю, значит, дескать, что уж и не люблю больше так, как ее при мамаше любил,- вот в чем обвиняет меня. И забредет же в голову такая фантазия такому еще ребенку-с которому бы только в игрушки играть. А здесь и поиграть-то ей не с кем.

- Так как же вы... вы здесь разве совсем только вдвоем?

- Совсем одинокие-с; служанка только разве прислужить придет, раз на дню.

- А уходите, ее одну так и оставляете?

А то как же-с? А вчера уходил, так даже запер ее, вот в той комнатке, из-за того у нас и слезы вышли сегодня. Да ведь что же было делать, посудите сами: третьего дня сошла она вниз без меня, а мальчик ей в голову камнем пустил. А то заплачет да и бросится у всех на дворе расспрашивать: куда я ушел? а ведь это нехорошо-с. Да и я-то хорош: уйду на час, а приду на другой день поутру, так и вчера сошлось. Хорошо еще, что хозяйка без меня отперла ей, слесаря призывала замок отворить,- даже срам-с,- подлинно сам себя извергом чувствую-с. Всё от затмения-с...

- Папаша! - робко и беспокойно проговорила девочка.

- Ну, вот и опять! опять ты за то же! что я давеча говорил?

- Я не буду, я не буду,- в страхе, торопливо складывая перед ним руки, повторила Лиза.

- Так не может продолжаться у вас, при такой обстановке,- нетерпеливо заговорил вдруг Вельчанинов голосом власть имеющего.- Ведь вы... ведь вы человек с состоянием же; как же вы так - во-первых, в этом флигеле и при такой обстановке?

- Во флигеле-то-с? да ведь через неделю, может, уже и уедем-с, а денег и без того много потратили, хотя бы и с состоянием-с...

- Ну, довольно, довольно,- прервал его Вельчанинов всё с более и более возраставшим нетерпением, как бы явно говоря: "Нечего говорить, всё знаю, что ты скажешь, и знаю, с каким намерением ты говоришь!" - Слушайте, я вам делаю предложение: вы сейчас сказали, что останетесь неделю, пожалуй, может, и две. У меня здесь есть один дом, то есть такое семейство, где я как в родном своем углу,- вот уже двадцать лет. Это семейство одних Погорельцевых. Погорельцев Александр Павлович, тайный советник; даже вам, пожалуй, пригодится по вашему делу. Они теперь на даче. У них богатейшая своя дача. Клавдия Петровна Погорельцева мне как сестра, как мать. У них восемь человек детей. Дайте я сейчас же свезу к ним Лизу... я для того, чтоб времени не терять. Они с

33

радостью примут, на всё это время, обласкают, как родную дочь, как родную дочь!

Он был в ужасном нетерпении и не скрывал этого.

- Это как-то уж невозможно-с,- проговорил Павел Павлович, с ужимкою и хитро, как показалось Вельчанинову, засматривая ему в глаза.

- Почему? Почему невозможно?

- Да как же-с, отпустить так ребенка, и вдруг-с - положим с таким искренним благоприятелем, как вы, я не про то-с, но все-таки в дом незнакомый, и такого уж высшего общества-с, где я еще и не знаю, как примут.

- Да я же сказал вам, что я у них как родной,- почти в гневе закричал Вельчанинов.- Клавдия Петровна за счастье почтет по одному моему слову. Как бы мою дочь ... да черт возьми, ведь вы сами же знаете, что вы только так, чтобы болтать... чего же уж тут говорить!

Он даже топнул ногой.

- Я к тому, что не странно ли очень уж будет-с? Все-таки надо бы и мне хоть раз-другой к ней наведаться, а то как же совсем без отца-то-с? хе-хе... и в такой важный дом-с.

- Да это простейший дом, а вовсе не "важный"! - кричал Вельчанинов,- говорю вам, там детей много. Она там воскреснет, всё для этого... А вас я сам завтра же отрекомендую, коли хотите. Да и непременно даже нужно будет вам съездить поблагодарить; каждый день будем ездить, если хотите...

- Всё как-то-с...

- Вздор! Главное в том, что вы сами это знаете! Слушайте, заходите ко мне сегодня с вечера и ночуйте, пожалуй, а поутру пораньше и поедем, чтобы в двенадцать там быть.

- Благодетель вы мой! Даже и ночевать у вас...- с умилением согласился вдруг Павел Павлович,- подлинно благодеяние оказываете... а где ихняя дача-с?

- Дача их в Лесном.

- Только вот как же ее костюм-с? Потому-с в такой знатный дом, да еще на даче-с, сами знаете... Сердце отца-с!

- А какой ее костюм? Она в трауре. Разве может быть у ней другой костюм? Самый приличный, какой только можно вообразить! Только вот белье бы почище, косыночку... (Косыночка и выглядывавшее белье были действительно очень грязны).

- Сейчас же, непременно переодеться,- захлопотал Павел Павлович,- а прочее необходимое белье мы ей тоже сейчас соберем; оно у Марьи Сысоевны в стирке-с.

- Так велеть бы послать за коляской,- перебил Вельчанинов,- и скорей, если б возможно.

Но оказалось препятствие: Лиза решительно воспротивилась, всё время она со страхом прислушивалась, и если бы Вельчанинов, уговаривая Павла Павловича, имел время пристально к ней приглядеться, то увидел бы совершенное отчаяние на ее личике.

- Я не поеду,- сказала она твердо и тихо.

- Вот, вот видите-с, вся в мамашу!

- Я не в мамашу, я не в мамашу! - выкрикивала Лиза, в отчаянии ломая свои маленькие руки и как бы оправдываясь перед отцом в страшном упреке, что она в мамашу.- Папаша, папаша, если вы меня кинете...

Она вдруг накинулась на испугавшегося Вельчанинова.

- Если вы возьмете меня, так я...

Но она не успела ничего выговорить далее; Павел Павлович схватил ее за руку, чуть не за шиворот, и уже с нескрываемым озлоблением потащил ее в маленькую комнатку. Там опять несколько минут происходило шептанье, слышался заглушенный плач. Вельчанинов хотел было уже идти туда сам, но Павел Павлович вышел к нему и с искривленной улыбкой объявил, что сейчас она выйдет-с. Вельчанинов старался не глядеть на него и смотрел в сторону.

Явилась и Марья Сысоевна, та самая баба, которую встретил он, входя давеча в коридор, и стала укладывать в хорошенький маленький сак, принадлежавший Лизе, принесенное для нее белье.

- Вы, что ли, батюшка, девочку-то отвезете? - обратилась она к Вельчанинову,- семейство, что ли, у вас? Хорошо, батюшка, сделаете: ребенок смирный, от содома избавите.

- Уж вы, Марья Сысоевна,- пробормотал было Павел Павлович.

- Что Марья Сысоевна! Меня и все так величают. Аль у тебя не содом? Прилично ли робеночку с понятием на такой срам смотреть? Коляску-то привели вам, батюшка,- до Лесного, что ли?

- Да, да.

- Ну и в добрый час!

Лиза вышла бледненькая, с потупленными глазками, и взяла сак. Ни одного взгляда в сторону Вельчанинова; она сдержала себя и не бросилась, как давеча, обнимать отца, даже при прощанье; видимо, даже не хотела поглядеть на него. Отец прилично поцеловал ее в головку и погладил; у ней закривилась при этом губка и задрожал подбородок, но глаз она на отца все-таки не подняла. Павел Павлович был как будто бледен, и руки у него дрожали - это ясно заметил Вельчанинов, хотя всеми силами старался не смотреть на него. Одного ему хотелось:

поскорей уж уехать. "А там что ж, чем же я виноват? - думал он.- Так должно было быть". Сошли вниз, тут расцеловалась с Лизой Марья Сысоевна, и, только уже усевшись в коляску, Лиза подняла глаза на отца - и вдруг всплеснула руками и вскрикнула; еще миг, и она бы бросилась к нему из коляски, но лошади уже тронулись.

VI

НОВАЯ ФАНТАЗИЯ ПРАЗДНОГО ЧЕЛОВЕКА

- Уж не дурно ли вам? - испугался Вельчанинов.- Я велю остановить, я велю вынести воды...

Она вскинула на него глазами и горячо, укорительно поглядела.

- Куда вы меня везете? - проговорила она резко и отрывисто.

- Это прекрасный дом, Лиза. Они теперь на прекрасной даче; там много детей, они вас там будут любить, они добрые... Не сердитесь на меня, Лиза, я вам добра хочу...

Странен бы показался он в эту минуту кому-нибудь из знавших его, если бы кто из них мог его видеть.

- Как вы,- как вы,- как вы... у, какие вы злые! - сказала Лиза, задыхаясь от подавляемых слез и засверкав на него озлобленными прекрасными глазами.

- Лиза, я...

- Вы злые, злые, злые! - Она ломала свои руки. Вельчанинов совсем потерялся.

Лиза, милая, если б вы знали, в какое отчаяние вы меня приводите!

Это правда, что он завтра приедет? Правда? - спросила она повелительно.

- Правда, правда! Я его сам привезу; я его возьму и привезу.

- Он обманет,- прошептала Лиза, опуская глаза в землю.

- Разве он вас не любит, Лиза?

- Не любит.

- Он вас обижал? Обижал?

Лиза мрачно посмотрела на него и промолчала. Она опять отвернулась от него и сидела, упорно потупившись. Он начал ее уговаривать, он говорил ей с жаром, он был сам в лихорадке. Лиза

36

слушала недоверчиво, враждебно, но слушала. Внимание ее обрадовало его чрезвычайно: он даже стал объяснять ей, что такое пьющий человек. Он говорил, что сам ее любит и будет наблюдать за отцом. Лиза подняла наконец глаза и пристально на него поглядела. Он стал рассказывать, как он знал еще ее мамашу, и видел, что завлекает рассказами. Мало-помалу она начала понемногу отвечать на его вопросы,- но осторожно и односложно, с упорством. На главные вопросы она все-таки ничего не ответила: она упорно молчала обо всем, что касалось прежних ее отношений к отцу. Говоря с нею, Вельчанинов взял ее ручку в свою, как давеча, и не выпускал ее; она не отнимала. Девочка, впрочем, не все молчала; она все-таки проговорилась в неясных ответах, что отца она больше любила, чем мамашу, потому что он всегда прежде ее больше любил, а мамаша прежде ее меньше любила; но что когда мамаша умирала, то очень ее целовала и плакала, когда все вышли из комнаты и они остались вдвоем... и что она теперь ее больше всех любит, больше всех, всех на свете, и каждую ночь больше всех любит ее. Но девочка была действительно гордая: спохватившись о том, что она проговорилась, она вдруг опять замкнулась и примолкла; даже с ненавистью взглянула на Вельчанинова, заставившего ее проговориться. Под конец пути истерическое состояние ее почти прошло, но она стала ужасно задумчива и смотрела как дикарка, угрюмо, с мрачным, предрешенным упорством. Что же касается до того, что ее везут теперь в незнакомый дом, в котором она никогда не бывала, то это, кажется, мало ее покамест смущало. Мучило ее другое, это видел Вельчанинов; он угадывал, что ей стыдно его, что ей именно стыдно того, что отец так легко ее с ним отпустил, как будто бросил ее ему на руки.

"Она больна,- думал он,- может быть, очень; ее измучили... О пьяная, подлая тварь! Я теперь понимаю его!" Он торопил кучера; он надеялся на дачу, на воздух, на сад, на детей, на новую, незнакомую ей жизнь, а там, потом... Но в том, что будет после, он уже не сомневался нисколько; там были полные, ясные надежды. Об одном только он знал совершенно: что никогда еще он не испытывал того, что ощущает теперь, и что это останется при нём на всю его жизнь! "Вот цель, вот жизнь!" - думал он восторженно.

Много мелькало в нем теперь мыслей, но он не останавливался на них и упорно избегал подробностей: без подробностей всё становилось ясно, все было нерушимо. Главный план его сложился сам собою: "Можно будет подействовать на этого мерзавца, - мечтал он, - соединенными силами, и он оставит в Петербурге у Погорельцевых Лизу, хотя сначала только на время, на срок, и уедет один; а Лиза останется мне; вот и всё,

37

чего же тут более? И ... и, конечно, он сам этого желает; иначе зачем бы ему ее мучить". Наконец приехали. Дача Погорельцевых была действительно прелестное местечко; встретила их прежде всех шумная ватага детей, высыпавшая на крыльцо дачи. Вельчанинов уже слишком давно тут не был, и радость детей была неистовая: его любили. Постарше тотчас же закричали ему, прежде чем он вышел из коляски:

- А что процесс, что ваш процесс? - Это подхватили и самые маленькие и со смехом визжали вслед за старшими. Его здесь дразнили процессом. Но, увидев Лизу, тотчас же окружили ее и стали ее рассматривать с молчаливым и пристальным детским любопытством. Вышла Клавдия Петровна, а за нею ее муж. И она и муж ее тоже начали, с первого слова и смеясь, вопросом о процессе.

Клавдия Петровна была дама лет тридцати семи, полная и еще красивая брюнетка, с свежим и румяным лицом. Муж ее был лет пятидесяти пяти, человек умный и хитрый, но добряк прежде всего. Их дом был в полном смысле "родной угол" для Вельчанинова, как сам он выражался. Но тут скрывалось еще особое обстоятельство: лет двадцать назад эта Клавдия Петровна чуть было не вышла замуж за Вельчанинова, тогда еще почти мальчика, еще студента. Любовь была первая, пылкая, смешная и прекрасная. Кончилось, однако же, тем, что она вышла за Погорельцева. Лет через пять опять встретились, и всё кончилось ясной и тихою дружбой. Осталась навсегда какая-то теплота в их отношениях, какой-то особенный свет, озарявший эти отношения. Тут всё было чисто и безупречно в воспоминаниях Вельчанинова и тем дороже для него, что, может быть, единственно только тут это и было. Здесь, в этой семье, он был прост, наивен, добр, нянчил детей, не ломался никогда, сознавался во всём и исповедовался во всём. Он клялся не раз Погорельцевым, что поживет еще немного в свете, а там переедет к ним совсем и станет жить с ними, уже не разлучаясь. Про себя он думал об этом намерении вовсе не шутя.

Он довольно подробно изложил им о Лизе всё, что было надо; но достаточно было одной его просьбы, безо всяких особенных изложений. Клавдия Петровна расцеловала "сиротку" и обещала сделать всё с своей стороны. Дети подхватили Лизу и увели играть в сад. Через полчаса живого разговора Вельчанинов встал и стал прощаться. Он был в таком нетерпении, что всем это стало заметно. Все удивились: не был три недели и теперь уезжает через полчаса. Он смеялся и клялся, что приедет завтра. Ему заметили, что он в слишком сильном волнении; он вдруг взял за руки Клавдию Петровну и под предлогом, что забыл сказать что-то очень важное, отвел ее в другую комнату.

- Помните вы, что я вам говорил,- вам одной, и чего даже муж ваш не знает,- о т-ском годе моей жизни?

- Слишком помню; вы часто об этом говорили.

- Я не говорил, а я исповедовался, и вам одной, вам одной! Я никогда не называл вам фамилии этой женщины; она - Трусоцкая, жена этого Трусоцкого. Это она умерла, а Лиза, ее дочь,- моя дочь!

- Это наверно? Вы не ошибаетесь? - спросила Клавдия Петровна с некоторым волнением.

- Совершенно, совершенно не ошибаюсь! - восторженно проговорил Вельчанинов.

И он рассказал сколько мог вкратце, спеша и волнуясь ужасно,- всё. Клавдия Петровна и прежде знала это всё, но фамилии этой дамы не знала. Вельчанинову до того становилось всегда страшно при одной мысли, что кто-нибудь из знающих его встретит когда-нибудь m-me Трусоцкую и подумает, что он мог так, любить эту женщину, что даже Клавдии Петровне, единственному своему другу, он не посмел открыть до сих пор имени "этой женщины".

- И отец ничего не знает? - спросила та, выслушав рассказ.

- Н-нет, он знает... Это-то меня и мучит, что я еще не разглядел тут всего! - горячо продолжал Вельчанинов.- Он знает, знает; я это заметил сегодня и вчера. Но мне надо знать, сколько именно он тут знает? Я потому и спешу теперь. Сегодня вечером он придет. Недоумеваю, впрочем, откуда бы ему знать,- то есть всё-то знать? Про Багаутова он знает всё, в этом нет сомнения. Но про меня? Вы знаете, как в этом случае жены умеют заверить твоих мужей! Сойди сам ангел с небеси - муж и тому не поверит а поверит ей! Не качайте головой, не осуждайте меня, я сам себя осуждаю и осудил во всем давно, давно!.. Видите, давеча у него я до того был уверен, что он знает всё, что компрометировал перед ним себя сам. Верите ли: мне так стыдно и тяжело, что я его вчера так грубо встретил. (Я вам потом всё еще подробнее расскажу!) Он и зашел вчера ко мне из непобедимого злобного желания дать мне знать, что он знает свою обиду и что ему известен обидчик! Вот вся причина его глупого прихода в пьяном виде. Но это так естественно с его стороны! Он именно зашел укорить! Вообще я слишком горячо вел это давеча и вчера! Неосторожно, глупо! Сам себя ему выдал! Зачем он в такую расстроенную минуту подъехал? Говорю же вам, что он даже Лизу мучил, мучил ребенка, и, наверно, тоже, чтоб укорить, чтоб зло сорвать хоть на ребенке! Да, он озлоблен,- как он ни ничтожен, но он озлоблен; очень даже. Само собою, это не более как шут, хотя прежде, ей-богу, он имел вид порядочного человека, насколько мог, но ведь это так естественно, что он пошел беспутничать! Тут, друг мой, по-христиански надо взглянуть! И знаете, милая, добрая моя,- я хочу к нему совсем перемениться: я хочу обласкать его. Это будет даже "доброе дело" с моей стороны. Потому что ведь все-таки я же перед ним виноват! Послушайте, знаете, я вам еще скажу: мне раз в Т. вдруг четыре тысячи рублей понадобились, и он мне выдал их в одну минуту, безо всякого документа, с искреннею радостью, что мог угодить, и ведь я же взял тогда, я ведь из рук его взял, я деньги брал от него, слышите, брал как у друга!

- Только будьте осторожнее,- с беспокойством заметила на всё это Клавдия Петровна,- и как вы восторженны, я, право, боюсь за вас! Конечно, Лиза теперь и моя дочь, но тут так много, так много еще неразрешенного! А главное, будьте теперь осмотрительнее; вам непременно надо быть осмотрительнее, когда вы в счастье или в таком восторге; вы слишком великодушны, когда вы в счастье,- прибавила она с улыбкою.

Все вышли провожать Вельчанинова; дети привели Лизу, с которой играли в саду. Они смотрели на нее теперь, казалось, еще с большим недоумением, чем давеча. Лиза задичилась совсем, когда Вельчанинов поцеловал её при всех, прощаясь, и с жаром повторил обещание приехать завтра с отцом. До последней минуты она молчала и на него не смотрела, но тут вдруг схватила его за рукав и потянула куда-то в сторону, устремив на него умоляющий взгляд; ей хотелось что-то сказать ему. Он тотчас отвел ее в другую комнату.

- Что такое, Лиза? - нежно и ободрительно спросил он, но она, всё еще боязливо оглядываясь, потащила его дальше в угол; ей хотелось совсем от всех спрятаться.

- Что такое, Лиза, что такое?

Она молчала и не решалась; неподвижно глядела в его глаза своими голубыми глазами, и во всех чертах ее личика выражался один только безумный страх.

- Он... повесится! - прошептала она как в бреду.

- Кто повесится? - спросил Вельчанинов в испуге.

- Он, он! Он ночью хотел на петле повеситься! - торопясь и задыхаясь говорила девочка.- Я сама видела! Он давеча хотел на петле повеситься, он мне говорил, говорил! Он и прежде хотел, всегда хотел... Я видела ночью...

- Не может быть! - прошептал Вельчанинов в недоумении. Она вдруг бросилась целовать ему руки; она плакала, едва переводя дыхание от рыданий, просила и умоляла его, но он ничего не мог понять из ее истерического лепета. И навсегда потом остался ему памятен, мерещился наяву и снился во сне этот измученный взгляд замученного ребенка, в безумном страхе и с последней надеждой смотревший на него.

40

"И неужели, неужели она так его любит? - ревниво и завистливо думал он, с лихорадочным нетерпением возвращаясь в город.- Она давеча сама сказала, что мать больше любит... может быть, она его ненавидит, а вовсе не любит!.."

"И что такое "повесится"? Что такое она говорила? Ему, дураку, повеситься?.. Надо узнать; надо непременно узнать! Надо всё как можно скорее решить,- решить окончательно!".

VII

МУЖ И ЛЮБОВНИК ЦЕЛУЮТСЯ

Он ужасно спешил "узнать". "Давеча меня ошеломило; давеча некогда было соображать,- думал он, вспоминая первую встречу свою с Лизой,- ну а теперь - надо узнать". Чтобы поскорее узнать, он в нетерпении велел было прямо везти себя к Трусоцкому. но тотчас одумался: "Нет пусть лучше он сам ко мне придет, а я тем временем поскорее с этими проклятыми делами покончу".

За дела он принялся лихорадочно; но в этот раз сам почувствовал, что очень рассеян и что ему нельзя сегодня заниматься делами. В пять часов, когда уже он отправился обедать, вдруг, в первый раз, пришла ему в голову смешная мысль: что ведь и в самом деле он, может быть, только мешает дело делать, вмешиваясь сам в эту тяжбу, сам суетясь и толкаясь по присутственным местам и ловя своего адвоката, который стал от него прятаться. Он весело рассмеялся над своим предположением. "А ведь приди вчера мне в голову эта мысль, я бы ужасно огорчился",- прибавил он еще веселее. Несмотря на веселость, он становился всё рассеяннее и нетерпеливее: стал, наконец, задумчив; и хоть за многое цеплялась его беспокойная мысль, в целом ничего не выходило из того, что ему было нужно.

"Мне его нужно, этого человека! - решил он наконец.- Его надо разгадать, а уж потом и решать. Тут - дуэль!"

Воротясь домой в семь часов, он Павла Павловича у себя не застал и пришел от того в крайнее удивление, потом в гнев, потом даже в уныние; наконец, стал и бояться. "Бог знает, бог знает, чем это кончится!" - повторял он, то расхаживая по комнате, то протягиваясь на диване и всё смотря на часы. Наконец, уже около девяти часов, появился и Павел Павлович. "Если бы этот человек хитрил, то никогда бы лучше не подсидел меня, как теперь,- до того я в эту минуту расстроен",- подумал он, вдруг совершенно ободрившись и ужасно повеселев.

На бойкий и веселый вопрос: зачем долго не приходил,- Павел Павлович криво улыбнулся, развязно не по-вчерашнему, уселся и как-то небрежно отбросил на другой стул свою шляпу с крепом. Вельчанинов тотчас заметил эту развязность и принял к сведенью.

Спокойно и без лишних слов, без давешнего волнения рассказал он, в виде отчета, как он отвез Лизу, как ее мило там приняли, как это ей будет полезно, и мало-помалу как бы совсем и забыв о Лизе, незаметно свел речь исключительно только на Погорельцевых, - то есть какие это милые люди, как он с ними давно знаком, какой хороший и даже влиятельный человек Погорельцев и тому подобное. Павел Павлович слушал рассеянно и изредка исподлобья с брюзгливой и плутоватой усмешкой поглядывал на рассказчика.

- Пылкий вы человек,- пробормотал он, как-то особенно скверно улыбаясь.

- Однако вы сегодня какой-то злой,- с досадой заметил Вельчанинов.

- А отчего же бы мне злым не быть-с, подобно всем другим? - вскинулся вдруг Павел Павлович, точно выскочил из-за угла; даже точно того только и ждал, чтобы выскочить.

- Полная ваша воля,- усмехнулся Вельчанинов,-я подумал, не случилось ли с вами чего?

- И случилось-с! - воскликнул тот, точно хвастаясь, что случилось.

- Что ж это такое?

Павел Павлович несколько подождал отвечать:

- Да вот-с всё наш Степан Михайлович чудасит... Багаутов, изящнейший петербургский молодой человек, высшего общества-с.

- Не приняли вас опять, что ли?

- Н-нет, именно в этот-то раз и приняли, в первый раз допустили-с, и черты созерцал... только уж у покойника!..

- Что-о-о! Багаутов умер? - ужасно удивился Вельчанинов, хотя, казалось, и нечему было ему-то так удивиться.

- Он-с! Неизменный и шестилетний друг! Еще вчера чуть не в полдень помер, а я и не знал! Я, может, в самую-то эту минуту и заходил тогда о здоровье наведаться. Завтра вынос и погребение, уж в гробике лежит-с. Гроб обит бархатом цвету масака, позумент золотой... от нервной горячки помер-с. Допустили, допустили, созерцал черты! Объявил при входе, что истинным другом считался, потому и допустили. Что ж он со

42

мной изволил теперь сотворить, истинный-то и шестилетний друг,- я вас спрашиваю? Я, может, единственно для него одного и в Петербург ехал!

- Да за что же вы на него-то сердитесь,- засмеялся Вельчанинов,- ведь он не нарочно же умер!

- Да ведь я и сожалея говорю; друг-то драгоценный; ведь он вот что для меня значил-с.

И Павел Павлович вдруг, совсем неожиданно, сделал двумя пальцами рога над своим лысым лбом и тихо, продолжительно захихикал. Он просидел так, с рогами и хихикая, целые полминуты, с каким-то упоением самой ехидной наглости смотря в глаза Вельчанинову. Тот остолбенел как бы при виде какого-то призрака. Но столбняк его продолжался лишь одно только самое маленькое мгновение; насмешливая и до наглости спокойная улыбка неторопливо появилась на его губах.

- Это что ж такое означало? - спросил он небрежно, растягивая слова.

- Это означало рога-с,- отрезал Павел Павлович, отнимая наконец свои пальцы от лба.

- То есть... ваши рога?

- Мои собственные, благоприобретенные! - ужасно скверно скривился опять Павел Павлович.

Оба помолчали.

- Храбрый вы, однако же, человек! - проговорил Вельчанинов.

- Это оттого, что я рога-то вам показал? Знаете ли что, Алексей Иванович, вы бы меня лучше чем-нибудь угостили! Ведь угощал же я вас в Т., целый год-с, каждый божий день-с... Пошлите-ка за бутылочкой, в горле пересохло.

- С удовольствием; вы бы давно сказали. Вам чего?

- Да что вам, говорите нам; вместе ведь выпьем, неужто нет? - с вызовом, но в то же время и с странным каким-то беспокойством засматривал ему в глаза Павел Павлович.

- Шампанского?

- А то чего же? До водки еще черед не дошел-с...

Вельчанинов неторопливо встал, позвонил вниз Мавру и распорядился.

- На радость веселой встречи-с, после девятилетней разлуки,- ненужно и неудачно подхихикивал Павел Павлович,- теперь вы, и один уж только вы, у меня и остались истинным другом-с! Нет Степана Михайловича Багаутова! Это как у поэта:

Нет великого Патрокла,
Жив презрительный Ферсит!

И при слове "Ферсит" он пальцем ткнул себе в грудь.

"Да ты, свинья, объяснился бы скорее, а намеков я не люблю", - думал про себя Вельчанинов. Злоба кипела в нем, и он давно уже едва себя сдерживал.

- Вы мне вот что скажите,- начал он досадливо,- если вы так прямо обвиняете Степана Михайловича (он уже теперь не назвал его просто Багаутовым), то ведь вам же, кажется, радость, что обидчик ваш умер; чего ж вы злитесь?

- Какая же радость-с? Почему же радость?

- Я по вашим чувствам сужу.

- Хе-хе, на этот счет вы в моих чувствах ошибаетесь-с, по изречению одного мудреца: "Хорош враг мертвый, но еще лучше живой", хи-хи!

- Да вы живого-то лет пять, я думаю, каждый день видели, было время наглядеться,- злобно и нагло заметил Вельчанинов.

- А разве тогда... разве я тогда знал-с? - вскинулся вдруг Павел Павлович, опять точно из-за угла выскочил, даже как бы с какою-то радостью, что ему наконец сделали вопрос, которого он так давно ожидал.- За кого же вы меня, Алексей Иванович, стало быть, почитаете?

И во взгляде его блеснуло вдруг какое-то совершенно новое и неожиданное выражение, как бы преобразившее совсем в другой вид злобное и доселе только подло кривлявшееся его лицо.

- Так неужели же вы ничего не знали! - проговорил озадаченный Вельчанинов с самым внезапным удивлением.

- Так неужто же знал-с? Неужто знал! О, порода - Юпитеров наших! У вас человек всё равно, что собака, и вы всех по своей собственной натуришке судите! Вот вам-с! Проглотите-ка! - и он с бешенством стукнул по столу кулаком, но тотчас же сам испугался своего стука и уже поглядел боязливо.

Вельчанинов приосанился.

- Послушайте, Павел Павлович, мне решительно ведь всё равно, согласитесь сами, знали вы там или не знали? Если вы не знали, то это делает вам во всяком случае честь, хотя... впрочем, я даже не понимаю, почему вы меня выбрали своим конфидентом?..

- Я не об вас... не сердитесь, не об вас...- бормотал Павел Павлович, смотря в землю.

Мавра вошла с шампанским.

- Вот и оно! - закричал Павел Павлович, видимо обрадовавшись исходу.- Стаканчиков, матушка, стаканчиков; чудесно! Больше ничего от вас, милая, не потребуется. И уж откупорено? Честь вам и слава, милое существо! Ну, отправляйтесь!

И, вновь ободрившись, он опять с дерзостью посмотрел на Вельчанинова.

- А признайтесь, - хихикнул он вдруг, - что вам ужасно всё это любопытно-с, а вовсе не "решительно все равно, как вы изволили выговорить, так что вы даже и огорчились бы, если бы я сию минуту встал и ушел-с, ничего вам не объяснивши.

- Право, не огорчился бы.

"Ой, лжешь!" - говорила улыбка Павла Павловича.

- Ну-с приступим! - и он розлил вино в стаканы.

- Выпьем тост,- провозгласил он, поднимая стакан,- за здоровье в бозе почившего друга Степана Михайловича!

Он поднял стакан и выпил.

- Я такого тоста не стану пить,- поставил свой стакан Вельчанинов.

- Почему же? Тостик приятный.

- Вот что: вы, войдя теперь, пьяны не были?

- Пил немного. А что-с?

- Ничего особенного, но мне показалось, что вчера и особенно сегодня утром вы искренно сожалели о покойной Наталье Васильевне.

- А кто вам сказал, что я не искренно сожалею о ней и теперь? - тотчас же выскочил опять Павел Павлович, точно опять дернули его за пружинку.

- Я и не к тому; но согласитесь сами, вы могли ошибиться насчет Степана Михайловича, а это - дело важное.

Павел Павлович хитро улыбнулся и подмигнул.

- А уж как бы вам хотелось узнать про то, как сам-то я узнал про Степана Михайловича!

Вельчанинов покраснел:

- Повторяю вам опять, что мне всё равно. "А не вышвырнуть ли его сейчас вон, вместе с бутылкой?" - яростно подумал он и покраснел еще больше.

- Ничего-с! - как бы ободряя его, проговорил Павел Павлович и налил себе еще стакан.

- Я вам сейчас объясню, как я "всё" узнал-с, и тем удовлетворю ваши пламенные желания... потому что пламенный вы человек, Алексей Иванович, страшно пламенный человек-с! хе-хе! дайте только мне папиросочку, потому что я с марта месяца...

- Вот вам папироска.

- Развратился я с марта месяца, Алексей Иванович, и вот как всё это произошло-с, прислушайте-ка-с. Чахотка, как вы сами знаете, милейший друг,- фамильярничал он всё больше и больше,- есть болезнь любопытная-с. Сплошь да рядом чахоточный человек умирает, почти и не

45

подозревая, что он завтра умрет-с. Говорю вам, что за пять еще часов Наталья Васильевна располагалась недели через две к своей тетеньке верст за сорок отправиться. Кроме того, вероятно, известна вам привычка, или, лучше : сказать, повадка, общая многим дамам, а может, и кавалерам-с: сохранять у себя старый хлам по части переписки любовной-с. Всего вернее бы в печь, не так ли-с? Нет, всякий-то лоскуточек бумажки у них в ящичках и в несессерах бережно сохраняется; даже поднумеровано по годам, по числам и по разрядам. Утешает это, что ли, уж очень - не знаю-с; а должно быть, для приятных воспоминаний. Располагаясь за пять часов до кончины ехать на праздник к тетеньке, Наталья Васильевна, естественно, и мысли о смерти не имела, даже до самого последнего часу-с, и всё Коха ждала. Так и случилось-с, что померла Наталья Васильевна, а ящичек черного дерева, с перламутровой инкрустацией и с серебром-с, остался у ней в бюро. И красивенький такой ящичек, с ключом-с, фамильный, от бабушки ей достался. Ну-с - в этом вот ящичке всё и открылось-с, то есть всё-с, безо всякого исключения, по дням и по годам, за всё двадцатилетие. А так как Степан Михайлович решительную склонность к литературе имел, даже страстную повесть одну в журнал отослал, то его произведений в шкатулочке чуть не до сотни нумеров оказалось,- правда, что за пять лет-с. Иные нумера так с собственноручными пометками Натальи Васильевны. Приятно супругу, как вы думаете-с?

Вельчанинов быстро сообразил и припомнил, что он никогда ни одного письма, ни одной записки не написал к Наталье Васильевне. А из Петербурга хотя и написал два письма, но на имя обоих супругов, как и было условлено. На последнее же письмо Натальи Васильевны, в котором ему предписывалась отставка, он и не отвечал.

Кончив рассказ, Павел Павлович молчал целую минуту, назойливо улыбаясь и напрашиваясь.

- Что же вы ничего мне не ответили на вопросик- то-с? - проговорил он наконец с явным мучением.

- На какой это вопросик?

- Да вот о приятных-то чувствах супруга-с, открывающего шкатулочку.

- Э какое мне дело! - желчно махнул рукой Вельчанинов встал и начал ходить по комнате.

- И бьюсь об заклад, вы теперь думаете: "Свинья же ты, что сам на рога свои указал", хе-хе! Брезгливейший человек... вы-с.

- Ничего я про это не думаю. Напротив, вы слишком раздражены смертью вашего оскорбителя и к тому же вина много выпили. Ничего я не вижу во всем этом не обыкновенного; слишком понимаю, для чего вам нужен был живой Багаутов, и готов уважать вашу досаду; но...

- А для чего нужен был мне Багаутов, по вашему мнению-с?

- Это ваше дело.

- Бьюсь об заклад, что вы дуэль подразумевали-с?

- Черт возьми! - всё более и более не сдерживался Вельчанинов.- Я думал, что как всякий порядочный человек... в подобных случаях - не унижается до комической болтовни, до глупых кривляний, до смешных жалоб и гадких намеков, которыми сам себя еще больше марает, а действует явно, прямо, открыто, как порядочный человек!

- Хе-хе, да, может, я и не порядочный человек-с?

- Это опять-таки ваше дело... а, впрочем, на какой же черт после этого надо было вам живого Багаутова?

- Да хоть бы только поглядеть на дружка-с. Вот бы взяли с ним бутылочку да и выпили вместе.

- Он бы с вами и пить не стал.

- Почему? Noblesse oblige?[2] Ведь вот пьете же вы со мной-с; чем он вас лучше?

- Я с вами не пил.

- Почему же такая вдруг гордость-с?

Вельчанинов вдруг нервно и раздражительно расхохотался:

- Фу, черт! да вы решительно "хищный тип" какой-то, я думал, что вы только "вечный муж", и больше ничего!

- Это как же так "вечный муж", что такое? - насторожил вдруг уши Павел Павлович.

- Так, один тип мужей ... долго рассказывать. Убирайтесь-ка лучше, да и пора вам; надоели вы мне!

- А хищно-то что ж? Вы сказали хищно?

- Я сказал, что вы "хищный тип",- в насмешку вам сказал.

- Какой такой "хищный тип-с"? Расскажите, пожалуйста, Алексей Иванович, ради бога-с, или ради Христа-с.

- Ну да довольно же, довольно! - ужасно вдруг опять рассердился и закричал Вельчанинов - пора вам, убирайтесь!

- Нет, не довольно-с! - вскочил и Павел Павлович,- даже хоть и надоел я вам, так и тут не довольно, потому что мы еще прежде должны с вами выпить и чокнуться! Выпьем, тогда я уйду-с, а теперь не довольно!

- Павел Павлович, можете вы сегодня убраться к черту или нет?

- Я могу убраться к черту-с, но сперва мы выпьем! Вы сказали, что не

---

[2] Честь не позволяет? (франц.).

47

хотите пить именно со мной; ну, а я хочу, чтобы вы именно со мной-то и выпили!

Он уже не кривлялся более, он уже не подхихикивал. Всё в нем опять вдруг как бы преобразилось и до того стало противоположно всей фигуре и всему тону еще сейчашнего Павла Павловича, что Вельчанинов был решительно озадачен.

- Эй, выпьем, Алексей Иванович, эй, не отказывайте! - продолжал Павел Павлович, схватив крепко его за руку и странно смотря ему в лицо. Очевидно, дело шло не об одной только выпивке.

- Да, пожалуй,- пробормотал тот,- где же... тут бурда...

- Ровно на два стакана осталось, бурда чистая-с, но мы выпьем и чокнемся-с! Вот-с, извольте принять ваш стакан.

Они чокнулись и выпили.

- Ну, а коли так, коли так... ах! - Павел Павлович вдруг схватился за лоб рукой и несколько мгновений оставался в таком положении. Вельчанинову померещилось, что он вот-вот да и выговорит сейчас самое последнее слово. Но Павел Павлович ничего ему не выговорил; он только посмотрел на него и тихо, во весь рот, улыбнулся опять давешней хитрой и подмигивающей улыбкой.

- Чего вы от меня хотите, пьяный вы человек! Дурачите вы меня! - неистово закричал Вельчанинов, затопав ногами.

- Не кричите, не кричите, зачем кричать? - торопливо замахал рукой Павел Павлович. - Не дурачу, не дурачу! Вы знаете ли, что вы теперь - вот чем для меня стали.

И вдруг он схватил его руку и поцеловал. Вельчанинов не успел опомниться.

- Вот вы мне теперь кто-с! А теперь - я ко всем чертям!

- Подождите, постойте! - закричал опомнившийся Вельчанинов.- Я забыл вам сказать...

Павел Павлович повернулся от дверей.

- Видите,- забормотал Вельчанинов чрезвычайно скоро, краснея и смотря совсем в сторону,- вам бы следовало завтра непременно быть у Погорельцевых, познакомиться и поблагодарить,- непременно...

- Непременно, непременно, уж как и не понять-с! - с чрезвычайною готовностью подхватил Павел Павлович, быстро махая рукой в знак того, что и напоминать бы не надо.

- И к тому же вас и Лиза очень ждет. Я обещал.

- Лиза,- вернулся вдруг опять Павел Павлович,- Лиза? Знаете ли вы, что такое была для меня Лиза-с, была и есть-с? Была и есть! - закричал он вдруг почти в исступлении,- но... Хе! Это после-с; всё будет после-с... а

48

теперь - мне мало уж того, что мы с вами выпили, Алексей Иванович, мне другое удовлетворение необходимо-с!..

Он положил на стул шляпу и, как давеча, задыхаясь немного, смотрел на него.

- Поцелуйте меня, Алексей Иванович,- предложил он вдруг.

- Вы пьяны? - закричал тот и отшатнулся.

- Пьян-с, а вы всё-таки поцелуйте меня, Алексей Иванович, эй, поцелуйте! Ведь поцеловал же я вам сейчас ручку!

Алексей Иванович несколько мгновений молчал, как будто от удару дубиной по лбу. Но вдруг он наклонился к бывшему ему по плечо Павлу Павловичу и поцеловал его в губы, от которых очень пахло вином. Он не совсем, впрочем, был уверен, что поцеловал его.

- Ну уж теперь, теперь...- опять в пьяном исступлении крикнул Павел Павлович, засверкав своими пьяными глазами,- теперь вот что-с: я тогда подумал - "неужто и этот? уж если этот, думаю, если уж и он тоже, так кому же после этого верить!"

Павел Павлович вдруг залился слезами.

- Так понимаете ли, какой вы теперь друг для меня остались?!

И он выбежал с своей шляпой из комнаты. Вельчанинов опять простоял несколько минут на одном месте, как и после первого посещения Павла Павловича.

"Э, пьяный шут, и больше ничего!" - махнул он рукой.

"Решительно больше ничего!" - энергически подтвердил он, когда уже разделся и лег в постель.

VIII

ЛИЗА БОЛЬНА

На другой день поутру, в ожидании Павла Павловича, обещавшего не запоздать, чтобы ехать к Погорельцевым, Вельчанинов ходил по комнате, прихлебывал свой кофе, курил и каждую минуту сознавался себе, что он похож на человека, проснувшегося утром и каждый миг вспоминающего о том, как он получил накануне пощечину. "Гм... он слишком понимает, в чем дело, и отмстит мне Лизой!" - думал он в страхе.

Милый образ бедного ребенка грустно мелькнул перед ним. Сердце его забилось сильнее от мысли, что он сегодня же, скоро, через два часа, опять увидит свою Лизу. "Э, что тут говорить! - решил он с жаром,- теперь в этом вся жизнь и вся моя цель! Что там все эти пощечины и воспоминания!.. И для чего я только жил до сих пор? Беспорядок и грусть... а теперь - всё другое, всё по-другому!"

Но, несмотря на свой восторг, он задумывался всё более и более.

"Он замучает меня Лизой,- это ясно! И Лизу замучает. Вот на этом-то он меня и доедет, за всё. Гм... без сомнения, я не могу же позволить вчерашних выходок с его стороны,- покраснел он вдруг,- и... и вот, однако же, он не идет, а уж двенадцатый час!"

Он ждал долго, до половины первого, и тоска его возрастала всё более и более. Павел Павлович не являлся. Наконец давно уж шевелившаяся мысль о том, что тот не придет нарочно, единственно для того, чтобы выкинуть еще выходку по-вчерашнему, раздражила его вконец: "Он знает, что я от него завишу, и что будет теперь с Лизой! И как я явлюсь к ней без него!"

Наконец он не выдержал и ровно в час пополудни поскакал сам к Покрову. В номерах ему объявили, что Павел Павлович дома и не ночевал, а пришел лишь поутру в девятом часу, побыл всего четверть часика да и опять отправился. Вельчанинов стоял у двери Павла Павловичева номера, слушал говорившую ему служанку и машинально вертел ручку запертой двери и потягивал ее взад и вперед. Опомнившись, он плюнул, оставил замок и попросил сводить его к Марье Сысоевне. Но та, услыхав о нем, и сама охотно вышла.

Это была добрая баба, "баба с благородными чувствами", как выразился о ней Вельчанинов, когда передавал потом свой разговор с нею Клавдии Петровне. Расспросив коротко о том, как он отвез вчера "девочку", Марья Сысоевна тотчас же пустилась в рассказы о Павле Павловиче. По ее словам, не будь только робеночка, давно бы она его выжила. Его и из гостиницы сюда выжили, потому что очень уж безобразничал. Ну, не грех ли, с собой девку ночью привел, когда тут же робеночек с понятием! Кричит: "Это вот тебе будет мать, коли я того захочу!" Так верите ли, чего уж девка, а и та ему плюнула в харю. Кричит: "Ты, говорит, мне не дочь, а в...док".

- Что вы? - испугался Вельчанинов.

- Сама слышала. Оно хоть и пьяный человек, ровно как в бесчувствии, да всё же при ребенке не годится; хоть и малолеток, а всё умом про себя дойдет! Плачет девочка, совсем, вижу, замучилась. А намедни тут на дворе у нас грех вышел: комиссар, что ли, люди сказывали, номер в гостинице с вечера занял, а к утру и повесился. Сказывали, деньги прогулял. Народ сбежался, Павла-то Павловича самого дома нет, а робенок без призору ходит, гляжу, и она там в коридоре меж народом, да из-за других и выглядывает, чудно так на висельника-то глядит. Я ее поскорей сюда отвела. Что ж ты думаешь,- вся дрожью дрожит, почернела вся, и только что привела - она и грохнулась. Билась-билась, насилу очнулась. Родимчик, что ли, а с того часу и хворать начала. Узнал он, пришел - исщипал ее всю - потому он не то чтобы драться, а всё больше щипится, а потом нахлесталась винища-то, пришел да и пужает ее: "Я, говорит, тоже повешусь, от тебя повешусь; вот на этом самом, говорит, шнурке, на сторе повешусь"; и петлю при ней делает. А та-то себя не помнит- кричит, ручонками его обхватила: "Не буду, кричит, никогда не буду". Жалость!

Вельчанинов хотя и ожидал кой-чего очень странного, но эти рассказы его так поразили, что он даже и не поверил. Марья Сысоевна много еще рассказывала; был, например, один случай, что если бы не Марья Сысоевна, то Лиза из окна бы, может, выбросилась. Он вышел из номера сам точно пьяный. "Я убью его палкой, как собаку, по голове!" - мерещилось ему. И он долго повторял это про себя.

Он нанял коляску и отправился к Погорельцевым. Еще не выезжая из города, коляска принуждена была остановиться на перекрестке, у мостика через канаву, через который пробиралась большая похоронная процессия. И с той и с другой стороны моста стеснилось несколько поджидавших экипажей; останавливался и народ. Похороны были богатые, и поезд провожавших карет был очень длинен, и вот в окошке одной из этих провожавших карет мелькнуло вдруг перед Вельчаниновым лицо Павла Павловича. Он не поверил бы, если бы Павел Павлович не выставился сам из окна и не закивал ему улыбаясь. По-видимому, он ужасно был рад, что узнал Вельчанинова; даже начал делать из кареты ручкой. Вельчанинов выскочил из коляски и, несмотря на тесноту, на городовых и на то что карета Павла Павловича въезжала уже на мост, подбежал к самому окошку. Павел Павлович сидел один.

- Что с вами,- закричал Вельчанинов,- зачем вы не пришли? как вы здесь?

- Долг отдаю-с,- не кричите, не кричите,- долг отдаю,- захихикал Павел Павлович, весело прищуриваясь,- бренные останки истинного друга провожаю, Степана Михайловича.

- Нелепость это всё, пьяный вы, безумный человек! - еще сильнее прокричал озадаченный было на миг Вельчанинов.- Выходите сейчас и садитесь со мной; сей час!

- Не могу-с, долг-с...

- Я вас вытащу! - вопил Вельчанинов.

- А я закричу-с! А я закричу-с! - всё так же весело подхихикивал

51

Павел Павлович - точно с ним играют,- прячась, впрочем, в задний угол кареты.

- Берегись, берегись, задавят! - закричал городовой. Действительно, при спуске с моста чья-то посторонняя карета, прорвавшая поезд, наделала тревоги. Вельчанинов принужден был отскочить; другие экипажи и народ тотчас же оттеснили его далее. Он плюнул и пробрался к своей коляске.

Всё равно, такого и без того нельзя с собой везти!" - думал он с продолжавшимся тревожным изумлением.

Когда он передал Клавдии Петровне рассказ Марьи Сысоевны и странную встречу на похоронах, та сильно мялась: "Я за вас боюсь,- сказала она ему,- вы должны прервать с ним всякие отношения, и чем скорее, тем лучше".

- Шут он пьяный, и больше ничего! - запальчиво вскричал Вельчанинов,- стану я его бояться! И как я прерву отношения, когда тут Лиза. Вспомните про Лизу!

Между тем Лиза лежала больная; вчера вечером с нею началась лихорадка, и из города ждали одного известного доктора, за которым чем свет послали нарочного. Всё это окончательно расстроило Вельчанинова. Клавдия Петровна повела его к больной.

- Я вчера к ней очень присматривалась,- заметила она, остановившись перед комнатой Лизы,- это гордый и угрюмый ребенок; ей стыдно, что она у нас и что отец ее так бросил; вот в чем вся болезнь, по-моему.

- Как бросил? Почему вы думаете, что бросил?

- Уж одно то, как он отпустил ее сюда, совсем в незнакомый дом, и с человеком... тоже почти незнакомым или в таких отношениях...

- Да я ее сам взял, силой взял; я не нахожу...

- Ах, боже мой, это уж Лиза, ребенок, находит! По-моему, он просто никогда не приедет.

Увидев Вельчанинова одного, Лиза не изумилась; она только скорбно улыбнулась и отвернула свою горевшую в жару головку к стене. Она ничего не отвечала на робкие утешения и на горячие обещания Вельчанинова завтра же наверно привезти ей отца. Выйдя от нее, он вдруг заплакал.

Доктор приехал только к вечеру. Осмотрев больную, он с первого слова всех напугал, заметив, что напрасно его не призвали раньше. Когда ему объявили, что больная заболела всего только вчера вечером, он сначала не поверил. "Всё зависит от того, как пройдет эта ночь",- решил он наконец и, сделав свои распоряжения, уехал, обещав прибыть завтра как можно раньше. Вельчанинов хотел было непременно остаться ночевать;

но Клавдия Петровна сама упросила его еще раз "попробовать привезти сюда этого изверга".

- Еще раз? - в исступлении переговорил Вельчанинов.- Да я его теперь свяжу и в своих руках привезу!

Мысль связать и привезти Павла Павловича в руках овладела им вдруг до крайнего нетерпения. "Ничем, ничем не чувствую я теперь себя пред ним виноватым! - говорил он Клавдии Петровне, прощаясь с нею.- Отрекаюсь от всех моих вчерашних низких, плаксивых слов, которые здесь говорил!" - прибавил он в негодовании.

Лиза лежала с закрытыми глазами и, по-видимому, спала; казалось, ей стало лучше. Когда Вельчанинов нагнулся осторожно к ее головке, чтобы, прощаясь, поцеловать хоть краешек ее платья,- она вдруг открыла глаза, точно поджидала его, и прошептала: "Увезите меня".

Это была тихая, скорбная просьба, безо всякого оттенка вчерашней раздражительности, но вместе с тем послышалось и что-то такое, как будто она и сама была вполне уверена, что просьбу ее ни за что не исполнят. Чуть только Вельчанинов, совсем в отчаянии, стал уверять ее, что это невозможно, она молча закрыла глаза и ни слова более не проговорила, как будто и не слушала и не видела его.

Въехав в город, он прямо велел везти себя к Покрову. Было уже десять часов; Павла Павловича в номерах не было. Вельчанинов прождал его целые полчаса, расхаживая по коридору в болезненном нетерпении. Марья Сысоевна уверила его, наконец, что Павел Павлович вернется разве только к утру чем свет. "Ну так и я приеду чем свет",- решил Вельчанинов и вне себя отправился домой.

Но каково же было его изумление, когда он, еще не входя к себе, услышал от Мавры, что вчерашний гость уже с десятого часу его ожидает.

"И чай изволили у нас кушать, и за вином опять посылали, за тем самым, синюю бумажку выдали".

IX

ПРИВИДЕНИЕ

Павел Павлович расположился чрезвычайно комфортно. Он сидел на вчерашнем стуле, курил папироски и только что налил себе четвертый, последний стакан из бутылки. Чайник и стакан с недопитым чаем стояли же подле него на столе. Раскрасневшееся лицо его сияло благодушием. Он даже снял с себя фрак, по-летнему и сидел в жилете.

- Извините, вернейший друг! - вскричал он, завидев Вельчанинова и схватываясь с места, чтоб надеть фрак,- снял для пущего наслаждения минутой...

Вельчанинов грозно к нему приблизился.

- Вы не совершенно еще пьяны? Можно еще с вами поговорить?

Павел Павлович несколько оторопел.

- Нет, не совершенно... Помянул усопшего, но - не совершенно-с...

- Поймете вы меня?

- С тем и явился, чтобы вас понимать-с.

- Ну так я же вам прямо начинаю с того, что вы - негодяй! - закричал Вельчанинов сорвавшимся голосом.

- Если с этого начинаете-с, то чем кончите-с? - чуть-чуть протестовал было Павел Павлович, видимо сильно струсивший, но Вельчанинов кричал не слушая:

- Ваша дочь умирает, она больна; бросили вы ее или нет?

- Неужто уж умирает-с?

- Она больна, больна, чрезвычайно опасно больна!

- Может, припадочки-с...

- Не говорите вздору! Она чрез-вы-чайно опасно больна! Вам следовало ехать уж из того одного...

- Чтоб возблагодарить-с, за гостеприимство возблагодарить! Слишком понимаю-с! Алексей Иванович, дорогой, совершенный,- ухватил он его вдруг за руку обеими своими руками и с пьяным чувством, чуть не со слезами, как бы испрашивая прощения, выкрикивал:- Алексей Иванович, не кричите, не кричите! Умри я, провались я сейчас пьяный в Неву - что ж из того-с, при настоящем значении дел-с? А к господину Погорельцеву и всегда поспеем-с...

Вельчанинов спохватился и капельку сдержал себя.

- Вы пьяны, а потому я не понимаю, в каком смысле вы говорите,- заметил он строго,- я объясниться всегда с вами готов; даже рад поскорей... Я и ехал... Но прежде всего знайте, что я принимаю меры: вы сегодня должны у меня ночевать! Завтра утром я вас беру, и мы едем. Я вас не выпущу! - завопил он опять,- я вас скручу и в руках привезу!.. Удобен вам этот диван? - указал он ему, задыхаясь, на широкий и мягкий диван, стоявший напротив того дивана, на котором спал он сам, у другой стены.

- Помилуйте, да я и везде-с...

- Не везде, а на этом диване! Берите, вот вам простыня, одеяло,

54

подушка (всё это Вельчанинов вытащил из шкафа и, торопясь, выбрасывал Павлу Павловичу, покорно подставившему руку) - стелите сейчас, сте-ли-те же!

Навьюченный Павел Павлович стоял среди комнаты как бы в нерешимости, с длинной, пьяной улыбкой на пьяном лице; но при вторичном грозном окрике Вельчанинова вдруг, со всех ног, бросился хлопотать, отставил стол я пыхтя стал расправлять и настилать простыню. Вельчанинов подошел ему помочь; он был отчасти доволен покорностию и испугом своего гостя.

- Допивайте ваш стакан и ложитесь,- скомандовал он опять; он чувствовал, что не мог не командовать,- это вы сами за вином распорядились послать?

- Сам-с, за вином... Я, Алексей Иванович, знал, что вы уже более не пошлете-с.

- Это хорошо, что вы знали, но нужно, чтоб вы еще больше узнали. Объявляю вам еще раз, что я теперь принял меры: кривляний ваших больше не потерплю, пьяных вчерашних поцелуев не потерплю!

- Я ведь и сам, Алексей Иванович, понимаю, что это всего один только раз было возможно-с,- ухмыльнулся Павел Павлович.

Услышав ответ, Вельчанинов, шагавший по комнате, почти торжественно остановился вдруг перед Павлом Павловичем:

- Павел Павлович, говорите прямо! Вы умны, я опять сознаюсь в этом, но уверяю вас, что вы на ложной дороге! Говорите прямо, действуйте прямо, и, честное слово даю вам,- я отвечу на всё, что угодно!

Павел Павлович ухмыльнулся снова своей длинной улыбкой, которая одна уже так бесила Вельчанинова.

- Стойте! - закричал тот опять.- Не прикидывайтесь, я насквозь вас вижу! Повторяю: даю вам честное слово, что я готов вам ответить на всё, и вы получите всякое возможное удовлетворение, то есть всякое, даже и невозможное! О, как бы я желал, чтоб вы меня поняли!..

- Если уж вы так добры-с,- осторожно придвинулся к нему Павел Павлович,- то вот-с очень меня заинтересовало то, что вы вчера упомянули про хищный тип-с!..

Вельчанинов плюнул и пустился опять, еще скорее, шагать по комнате.

- Нет-с Алексеи Иванович, вы не плюйтесь, потому я очень заинтересован и именно пришел проверить-с... У меня язык плохо вяжется, но вы простите-с. Я ведь об "хищном" этом типе и об "смирном-с" сам журнале читал, в отделении критики-с,- припомнил сегодня поутру... только забыл-с, а по правде, тогда и не понял-с. Я вот именно желал разъяснить: Степан Михайлович Багаутов, покойник-с,- что он, "хищный" был или "смирный-с"? Как причислить-с?

Вельчанинов всё еще молчал, не переставая шагать.

- Хищный тип это тот,- остановился он вдруг в ярости,- это тот человек, который скорей бы отравил в стакане Багаутова, когда стал бы с ним "шампанское пить" во имя приятной с ним встречи, как вы со мной вчера пили,- а не поехал бы его гроб на кладбище провожать, как вы давеча поехали, черт знает из каких ваших сокрытых, подпольных, гадких стремлений и марающих вас самих кривляний! Вас самих!

- Это точно, что не поехал бы-с,- подтвердил Павел Павлович,- только как уж вы, однако, на меня-то-с...

- Это не тот человек,- горячился и кричал Вельчанинов не слушая,- не тот, который напредставит сам себе бог знает чего, итоги справедливости и юстиции подведет, обиду свою как урок заучит, ноет, кривляется, ломается, на шее у людей виснет - и глядь - на то всё и время свое употребил! Правда, что вы хотели повеситься? Правда?

- В хмелю, может, сбредил что,- не помню-с. Нам, Алексей Иванович, как-то и неприлично уж яд-то подсыпать. Кроме того, что чиновник на хорошем счету,- У меня и капитал ведь найдется-с, а может, к тому жениться опять захочу-с.

- Да и в каторгу сошлют.

- Ну да-с, и эта вот неприятность тоже-с, хотя нынче, в судах, много облегчающих обстоятельств подводят. А я вам, Алексей Иванович, один анекдотик преуморительный, давеча в карете вспомнил-с, хотел сообщить-с. Вот вы сказали сейчас: "У людей на шее виснет". Семена Петровича Ливцова, может, припомните-с, к нам в Т. при вас заезжал; ну, так брат его младший, тоже петербургский молодой человек считается, в В-ом при губернаторе служил и тоже блистал-с разными качествами-с. Поспорил он раз с Голубенко, полковником, в собрании, в присутствии дам и дамы его сердца, и счел себя оскорбленным, но обиду скушал и затаил; а Голубенко тем временем даму сердца его отбил и руку ей предложил. Что ж вы думаете? Этот Ливцов - даже искренно ведь в дружбу с Голубенкой вошел, совсем помирился, да мало того-с - в шафера к нему сам напросился, венец держал, а как приехали из-под венца, он подошел поздравлять и целовать Голубенку да при всем-то благородном обществе и при губернаторе, сам во фраке и завитой-с,- как пырнет его в живот ножом - так Голубенко и покатился! Это собственный-то шафер, стыд-то какой-с! Да это еще что-с! Главное, что ножом-то пырнул да и бросился кругом: "Ах, что я сделал! Ах, что такое я сделал!" - слезы льются, трясется, всем на шею кидается, даже к дамам-с: "Ах, что я сделал!

56

Ах, что, дескать, такое я теперь сделал!" - хе-хе-хе! уморил-с. Вот только разве жаль Голубенку; да и то выздоровел-с.

- Я не вижу, для чего вы мне рассказали,- строго нахмурился Вельчанинов.

- Да всё к тому же-с, что пырнул же ведь ножом-с,- захихикал Павел Павлович,- ведь уж видно, что не тип-с, а сопля-человек, когда уж самое приличие от страху забыл и к дамам на шею кидается в присутствии губернатора-с,- а ведь пырнул же-с, достиг своего! Вот я только про это-с.

- Убир-райтесь вы к черту,- завопил вдруг не своим голосом Вельчанинов, точно как бы что сорвалось в нем,- убир-райтесь с вашею подпольною дрянью, сам вы подпольная дрянь - пугать меня вздумал - мучитель ребенка,- низкий человек,- подлец, подлец, подлец! - выкрикивал он, себя не помня и задыхаясь на каждом слове.

Павла Павловича всего передернуло, даже хмель соскочил; губы его задрожали:

- Это меня-то вы, Алексей Иванович, подлецом называете, вы-с и меня-с?

Но Вельчанинов уже очнулся.

- Я готов извиниться,- ответил он, помолчав и в мрачном раздумье,- но в таком только случае, если вы сами и сейчас же захотите действовать прямо.

- А я бы и во всяком случае извинился на вашем месте, Алексей Иванович.

- Хорошо, пусть так,- помолчал еще немного Вельчанинов,- извиняюсь перед вами; но согласитесь сами, Павел Павлович, что после всего этого я уже ничем более не считаю себя перед вами обязанным, то есть я в отношении всего дела говорю, а не про один теперешний случай.

- Ничего-с, что считаться? - ухмыльнулся Павел Павлович, смотря, впрочем, в землю.

- А если так, то тем лучше, тем лучше! Допивайте ваше вино и ложитесь, потому что я все-таки вас не пущу...

- Да что ж вино-с...- немного как бы смутился Павел Павлович, однако подошел к столу и стал допивать свой давно уже налитый последний стакан. Может, он уже и много пил перед этим, так что теперь рука его дрожала, и он расплескал часть вина на пол, на рубашку и на жилет, но все-таки допил до дна,- точно как будто и не мог оставить невыпитым, и, почтительно поставив опорожненный стакан на стол, покорно пошел к своей постели раздеваться.

- А не лучше ли... не ночевать? - проговорил он вдруг с чего-то, уже сняв один сапог и держа его в руках.

- Нет, не лучше! - гневливо ответил Вельчанинов, неустанно шагавший по комнате, не взглядывая на него.

Тот разделся и лег. Чрез четверть часа улегся и Вельчанинов и потушил свечу.

Он засыпал беспокойно. Что-то, новое, еще более спутавшее дело, вдруг откудова-то появившееся, тревожило его теперь, и он чувствовал в то же время, что ему почему-то стыдно было этой тревоги. Он уже стал было забываться, но какой-то шорох вдруг его разбудил. Он тотчас же оглянулся на постель Павла Павловича. В комнате было темно (гардины были совсем спущены), но ему показалось, что Павел Павлович не лежит, а привстал и сидит на постели.

- Чего вы? - окликнул Вельчанинов.

- Тень-с,- подождав немного, чуть слышно выговорил Павел Павлович.

- Что такое, какая тень?

- Там, в той комнате, в дверь, как бы тень видел-с.

- Чью тень? - спросил, помолчав немного, Вельчанинов.

- Натальи Васильевны-с.

Вельчанинов привстал на ковер и сам заглянул через переднюю, в ту комнату, двери в которую всегда стояли отперты. Там на окнах гардин не было, а были только сторы, и потому было гораздо светлее.

- В той комнате нет ничего, а вы пьяны, ложитесь! - сказал Вельчанинов, лег и завернулся в одеяло. Павел Павлович не сказал ни слова и улегся тоже.

- А прежде вы никогда не видали тени? - спросил вдруг Вельчанинов, минут уж десять спустя.

- Однажды как бы и видел-с,- слабо и тоже помедлив откликнулся Павел Павлович. Затем опять наступило молчание.

Вельчанинов не мог бы сказать наверно, спал ли он или нет, но прошло уже с час - и вдруг он опять обернулся: шорох ли какой его опять разбудил - он тоже не знал, но ему показалось, что среди совершенной темноты что-то стояло над ним, белое, еще не доходя до него, но уже посредине комнаты. Он присел на постели и целую минуту всматривался.

- Это вы, Павел Павлович? - проговорил он ослабевшим голосом. Этот собственный голос его, раздавшийся вдруг в тишине и в темноте, показался ему как-то странным.

Ответа не последовало, но в том, что стоял кто-то, уже не было никакого сомнения.

- Это вы... Павел Павлович? - повторил он громче и даже так громко, что если б Павел Павлович спокойно спал на своей постели, то непременно бы проснулся и дал ответ.

Но ответа опять не последовало, зато показалось ему, что эта белая и чуть различаемая фигура еще ближе к нему придвинулась. Затем произошло нечто странное: что-то вдруг в нем как бы сорвалось, точь-в-точь как давеча, и он закричал из всех сил самым нелепым, бешеным голосом, задыхаясь чуть не на каждом слове:

- Если вы, пьяный шут, осмелитесь только подумать - что вы можете - меня испугать,- то я обернусь к стене, завернусь с головой и ни разу не обернусь во всю ночь,- чтобы тебе доказать, во что я ценю - хоть бы вы простояли до утра... шутом... и на вас плюю!

И он, яростно плюнув в сторону предполагаемого Павла Павловича, вдруг обернулся к стене, завернулся, как сказал, в одеяло и как бы замер в этом положении не шевелясь. Настала мертвая тишина. Придвигалась ли тень или стояла на месте - он не мог узнать, но сердце его билось - билось - билось... Прошло по крайней мере полных минут пять; и вдруг, в двух шагах от него, раздался слабый, совсем жалобный голос Павла Павловича:

- Я Алексей Иванович, встал поискать...- (и он назвал один необходимейший домашний предмет)-я не нашел у себя-с... хотел потихоньку подле вас посмотреть-с, у постели-с.

- Что же вы молчали... когда я кричал? - прерывающимся голосом спросил Вельчанинов, переждав с полминуты.

- Испугался-с. Вы так закричали... я и испугался-с.

- Там в углу налево, к дверям, в шкапике, зажгите свечу...

- Да я и без свечки-с...- смиренно промолвил Павел Павлович, направляясь в угол,- вы уж простите, Алексей Иванович, что вас так потревожил-с... совсем вдруг так охмелел-с...

Но тот уже ничего не ответил. Он всё продолжал лежать лицом к стене и пролежал так всю ночь, ни разу не обернувшись. Уж хотелось ли ему так исполнить слово и показать презрение? Он сам не знал, что с ним делается; нервное расстройство его перешло, наконец, почти в бред, и он долго не засыпал. Проснувшись на другое утро, в десятом часу, он вдруг вскочил и присел на постели, точно его подтолкнули,- но Павла Павловича уже не было в комнате! Оставалась одна только пустая, неубранная постель, а сам он улизнул чем свет.

- Я так и знал! - хлопнул себя Вельчанинов ладонью по лбу.

X

НА КЛАДБИЩЕ

Опасения доктора оправдались, и Лизе вдруг сделалось хуже,- так худо, как и не воображали накануне Вельчанинов и Клавдия Петровна. Вельчанинов поутру застал больную еще в памяти, хотя вся она горела в жару; он уверял потом, что она ему улыбнулась и даже протянула ему свою горячую ручку. Правда ли это было, или только он сам выдумал себе это невольно, в утешение, проверить ему было некогда; к ночи больная была уже без памяти, и так продолжалось во всё время болезни. На десятый день своего переезда на дачу она умерла.

Это было скорбное время для Вельчанинова; Погорельцевы даже боялись за него. Большую часть этих тяжелых дней он прожил у них. В самые последние дни болезни Лизы он по целым часам просиживал один, где-нибудь в углу, и, по-видимому, ни об чем не думал; Клавдия Петровна подходила его развлекать, но он отвечал мало, иногда видимо тяготясь с нею разговаривать. Клавдия Петровна даже не ожидала, что на него "всё это произведет такое впечатление". Всего больше развлекали его дети; он с ними даже иногда смеялся; но каждый почти час вставал со стула и на цыпочках шел взглянуть на больную. Иногда ему казалось, что она его узнает. Надежды на выздоровление он не имел никакой, как и все, но от комнаты, в которой умирала Лиза, не отходил и обыкновенно сидел в комнате рядом.

Раза два, впрочем, и в эти дни он вдруг обнаруживал чрезвычайную деятельность: вдруг подымался, бросался в Петербург к докторам, приглашал самых известнейших и составлял консилиумы. Второй, последний консилиум был накануне смерти больной. Дня за три до этого Клавдия Петровна заговорила с Вельчаниновым настойчиво о необходимости отыскать где-нибудь наконец господина Трусоцкого: "в случае несчастия Лизу и похоронить без него нельзя было". Вельчанинов промямлил, что он ему напишет. Тогда старик Погорельцев объявил, что он сам разыщет его через полицию. Вельчанинов написал наконец уведомление в двух строчках и отвез его в Покровскую гостиницу. Павла Павловича по обыкновению не было дома, и он вручил письмо для передачи Марье Сысоевне.

Наконец, умерла Лиза, в прекрасный летний вечер, вместе с закатом солнца, и тут только как бы очнулся Вельчанинов. Когда мертвую убрали,

60

нарядив ее в праздничное белое платьице одной из дочерей Клавдии Петровны, и положили в зале на столе, с цветами в сложенных ручках,- он подошел к Клавдии Петровне и, сверкая глазами, объявил ей, что он сейчас же привезет и "убийцу". Не слушая советов повременить до завтра, он немедленно отправился в город.

Он знал, где застать Павла Павловича; не за одними докторами отправлялся он в Петербург. Иногда в эти дни ему казалось, что привези он к умиравшей Лизе отца, и она, услыхав его голос, очнется; тогда он как отчаянный пускался его разыскивать. Павел Павлович квартировал прежнему в номерах, но в номерах и спрашивать было нечего: "по три дня не ночует и не приходит,- рапортовала Марья Сысоевна,- а придет невзначай пьяный, часу не пробудет и опять потащится; совсем растрепался". Попоной из Покровской гостиницы сообщил Вельчанинов между прочим, что Павел Павлович, еще прежде, посещал каких-то девиц на Вознесенском проспекте. Вельчанинов немедленно разыскал девиц. Задаренные и угощенные особы припомнили тотчас своего гостя, главное, по его шляпе с крепом, причем тут же его обругали, конечно, за то, что он к ним больше не ходил. Одна из них, Катя, взялась "во всякое время Павла Павловича разыскать, потому что он от Машки Простаковой теперь не выходит, а денег у него и дна нет, а Машка эта - не Простакова, а Прохвостова, и в больнице лежала, и захоти только она, Катя, так сейчас же ее в Сибирь упрячет, всего одно слово скажет". Катя, однако же, не разыскала в тот раз, но зато крепко обещалась в другой. Вот на ее-то содействие и надеялся теперь Вельчанинов,

Прибыв в город уже в десять часов, он немедленно ее вытребовал, заплатив кому следовало за ее отсутствие, и отправился с нею на поиски. Он еще и сам не знал, что собственно он теперь сделает с Павлом Павловичем: убьет ли его за что-то или просто ищет его, чтобы сообщить о смерти дочери и о необходимости его содействия при погребении? На первый раз вышла неудача: оказалось, что Машка Прохвостова разодралась с Павлом Павловичем еще третьего дня и что какой-то казначей "Павлу Павловичу голову скамейкой прошиб". Одним словом, долго он не отыскивался, и наконец уже только в два часа пополуночи Вельчанинов, при выходе из одного указанного ему заведения, вдруг и неожиданно сам на него натолкнулся.

Павла Павловича подводили к этому заведению две дамы совершенно пьяного; одна из дам придерживала его под руку, а сзади сопутствовал им один рослый и размашистый претендент, кричавший во всё горло и страшно грозивший Павлу Павловичу какими-то ужасами. Он кричал, между прочим, что тот его "эксплуатировал и отравил ему жизнь". Дело, кажется, шло о каких-то деньгах; Дамы очень трусили и спешили.

61

Завидев Вельчанинова, Павел Павлович кинулся к нему с распростертыми руками и закричал, точно его резали:

- Братец родной, защити!

При виде атлетической фигуры Вельчанинова претендент мигом стушевался; торжествующий Павел Павлович простер ему вслед свой кулак и завопил в знак победы; тут Вельчанинов яростно схватил его за плечи и, сам не зная для чего, стал трясти обеими руками, так что у того зубы застучали. Павел Павлович тотчас же перестал кричать и с тупоумным пьяным испугом смотрел на своего истязателя. Вероятно не зная, что с ним делать далее, Вельчанинов крепко нагнул его и посадил на тротуарную тумбу.

- Лиза умерла! - проговорил он ему.

Павел Павлович, всё еще не спуская с него глаз, сидел на тумбе, поддерживаемый одною из дам. Он понял наконец, и лицо его как-то вдруг осунулось.

- Умерла...- как-то странно прошептал он. Усмехнулся ли он спьяна своею скверною длинною улыбкой, или у него скривилось что-то в лице,- Вельчанинов не мог разобрать, но мгновение спустя Павел Павлович поднял с усилием свою дрожавшую правую руку, чтоб перекреститься; крест, однако ж, не сложился, и дрожавшая рука опустилась. Немного погодя он медленно привстал с тумбы, схватился за свою даму и, опираясь на нее, пошел своей дорогой далее, как бы в забытьи,- точно и не было тут Вельчанинова. Но тот ухватил его опять за плечо.

- Понимаешь ли ты, пьяный изверг, что без тебя ее и похоронить нельзя будет! - прокричал он задыхаясь.

Тот повернул к нему голову.

- Артиллерии... прапорщика... помните? - промямлил он тупо ворочавшимся языком.

- Что-о-о? - завопил Вельчанинов, болезненно вздрогнув.

- Вот тебе и отец! Ищи его... хоронить...

- Лжешь! - закричал Вельчанинов как потерянный.- Ты со злости... я так и знал, что ты это мне приготовишь!

Не помня себя, он занес свой страшный кулак над головою Павла Павловича. Еще мгновение - и он, может быть, убил бы его одним ударом; дамы взвизгнули и отлетели прочь, но Павел Павлович не смигнул даже глазом. Какое-то исступление самой зверской злобы исказило ему всё лицо.

- А знаешь ты,- произнес он гораздо тверже, почти как не пьяный,- нашу русскую........? (И он проговорил невозможное в печати ругательство). Ну так и убирайся к ней! - Затем с силою рванулся из рук Вельчанинова оступился, и чуть не упал. Дамы подхватили его и в этот

62

раз уже побежали, визжа и почти волоча Павла Павловича за собою. Вельчанинов не преследовал.

Назавтра, в час пополудни, на дачу Погорельцевых явился один весьма приличный чиновник средних лет, в вицмундире и вежливо вручил Клавдии Петровне адресованный на ее имя пакет от имени Павла Павловича Трусоцкого. В пакете заключалось письмо со вложением трехсот рублей и с необходимыми свидетельствами о Лизе. Павел Павлович писал коротко, чрезвычайно почтительно и весьма прилично. Он весьма благодарил ее превосходительство Клавдию Петровну за ее добродетельное участие к сироте, за которое может ей воздать только один бог. Неясно упоминал, что крайнее нездоровье не позволит ему явиться лично похоронить нежно им любимую и несчастную дочь, и возлагал в этом все надежды на ангельскую доброту души ее превосходительства. Триста же рублей назначались, как разъяснил он далее в письме,- на похороны и вообще на расходы, причиненные болезнию. Если же бы и осталось что из этой суммы, то покорнейше и почтительнейше просит употребить их на вечное поминовение за упокой души усопшей Лизы. Чиновник, доставивший письмо, не мог ничего более объяснить; даже оказалось из некоторых его слов, что он только по усиленной просьбе Павла Павловича взялся доставить лично пакет ее превосходительству. Погорельцев почти обиделся выражением "о расходах, причиненных болезнию", и определил, оставив пятьдесят рублей на погребение,- так как нельзя же было воспретить отцу хоронить свое дитя,- остальные двести пятьдесят рублей возвратить немедленно господину Трусоцкому. Клавдия Петровна решила окончательно возвратить не двести пятьдесят рублей, а расписку из кладбищенской Церкви в получении этих денег на вечное поминовение души усопшей отроковицы Елизаветы. Расписка была выдана потом Вельчанинову для вручения немедленно; он отослал ее по почте в номер.

После похорон он исчез с дачи. Целые две недели слонялся он по городу, безо всякой цели, один, и натыкался на людей в задумчивости. Иногда же по целым дням лежал, протянувшись у себя на диване, забывая о самых обыкновенных вещах. Погорельцевы много раз присылали звать его к себе; он обещал и тотчас же забывал. Клавдия Петровна даже приезжала к нему сама, но не заставала его дома. То же случилось и с его адвокатом; а между тем адвокату было что сообщить: тяжебное дело было им весьма ловко улажено, и противники соглашались на мировую с вознаграждением весьма незначительной долею оспариваемого ими наследства. Оставалось получить только согласие самого Вельчанинова. Застав его наконец у себя, адвокат был удивлен чрезвычайною вялостью и равнодушием, с которыми он, еще недавно такой беспокойный клиент, его выслушал.

Настали самые жаркие июльские дни, но Вельчанинов забывал самое время. Его горе наболело в его душе, как созревший нарыв, и выяснялось ему поминутно в мучительно-сознательной мысли. Главное страдание его состояло в том, что Лиза не успела узнать его и умерла, не зная, как он мучительно любил ее! Вся цель его жизни, мелькнувшая перед ним в таком радостном свете, вдруг померкла в вечной тьме. Эта цель состояла бы именно в том,- поминутно думал он об этом теперь,- чтобы Лиза каждый день, каждый час и всю жизнь беспрерывно ощущала его любовь на себе. "Выше нет никакой цели ни у кого из людей и не может быть! - задумывался он иногда в мрачном восторге.- Если и есть другие цели, то ни одна из них не может быть святее этой!" "Любовью Лизы,- мечтал он,- очистилась и искупилась бы вся моя прежняя смрадная и бесполезная жизнь; взамен меня, праздного, порочного и отжившего,- я взлелеял бы для жизни чистое и прекрасное существо, и за это существо всё было бы мне прощено, и всё бы я сам простил себе".

Все эти сознательные мысли представлялись ему всегда нераздельно с ярким, всегда близким и всегда поражавшим его душу воспоминанием об умершем ребенке. Он воссоздавал себе ее бледное личико, припоминал каждое выражение его; он вспоминал ее и в гробу, в цветах, и прежде бесчувственную, в жару, с открытыми и неподвижными глазами. Он вспомнил вдруг, что, когда она лежала уже на столе, он заметил у ней один бог знает от чего почерневший в болезни пальчик; это так его поразило тогда, и так жалко ему стало этот бедный пальчик, что тут и вошло ему тогда в голову, в первый раз, отыскать сейчас же и убить Павла Павловича,- до того же времени он "был как бесчувственный". Гордость ли оскорбленная замучила это детское сердечко, три ли месяца страданий от отца, переменившего вдруг любовь на ненависть и оскорбившего ее позорным словом, смеявшегося над ее испугом и выбросившего ее, наконец, к чужим людям? Всё это он представлял себе беспрерывно и варьировал на тысячу ладов. "Знаете ли, что такое была для меня Лиза?" - припомнил он вдруг восклицание пьяного Трусоцкого и чувствовал, что это восклицание было уже не кривлянье, а правда и что тут была любовь. "Как же мог быть так жесток этот изверг к ребенку, которого так любил, и вероятно ли это?" Но каждый раз он поскорее бросал этот вопрос и как бы отмахивался от него; что-то ужасное было в этом вопросе, что-то невыносимое для него и - нерешенное.

В один день, и почти сам не помня как, он забрел на кладбище, на котором похоронили Лизу, и отыскал ее могилку. Ни разу с самых похорон он не был на кладбище; ему всё казалось, что будет уже слишком много муки, и он не смел пойти. Но странно, когда он приник на ее могилку и поцеловал ее, ему вдруг стало легче. Был ясный вечер, солнце закатывалось; кругом, около могил, росла сочная, зеленая трава; недалеко в шиповнике жужжала пчела; цветы и венки, оставленные на могилке Лизы после погребения детьми и Клавдией Петровной, лежали тут же, с облетевшими наполовину листочками. Какая-то даже надежда в первый раз после долгого времени освежила ему сердце. "Как легко!" - подумал он, чувствуя эту тишину кладбища и глядя на ясное, спокойное небо. Прилив какой-то чистой безмятежной веры во что-то наполнил ему душу. "Это Лиза послала мне, это она говорит со мной",- подумалось ему.

Совсем уже смеркалось, когда он пошел с кладбища обратно домой. Не так далеко от кладбищенских ворот, по дороге, в низеньком деревянном домике, помещалось что-то вроде харчевни или распивочной; в отворенных окнах виднелись посетители, сидевшие за столами. Ему вдруг показалось, что один из них, помещавшийся у самого окна,- Павел Павлович и что он тоже видит его и любопытно его высматривает из окошка. Он пошел далее и вскоре услышал, что его догоняют; за ним бежал и в самом деле Павел Павлович; должно быть, примирительное выражение в лице Вельчанинова привлекло и ободрило его, когда он наблюдал из окошка. Поравнявшись он, робея, улыбнулся, но уже не прежней пьяной улыбкой; он даже и совсем не был пьян.

- Здравствуйте,- сказал он.
- Здравствуйте,- отвечал Вельчанинов.

XI

ПАВЕЛ ПАВЛОВИЧ ЖЕНИТСЯ

Ответив это "здравствуйте", он сам себе удивился. Ужасно странно показалось ему, что встречает теперь этого человека вовсе без злобы и что в его чувствах к нему в эту минуту что-то совсем другое и даже какой-то позыв к чему-то новому.

- Вечер какой приятный,- проговорил, засматривая ему в глаза, Павел Павлович.
- Вы еще не уехали,- промолвил Вельчанинов, как бы не спрашивая, а только обдумывая и продолжая идти.

- Затянулось у меня, но - место я получил-с, с повышением-с. Отъезжаю послезавтра наверно.

- Получили место? - на этот раз уже спросил он.

- Почему же бы и нет-с? - покривился вдруг Павел Павлович.

- Я только так сказал...- отговорился Вельчанинов и, нахмурившись, покосился на Павла Павловича. К его удивлению, одежда, шляпа с крепом и весь вид г-на Трусоцкого были несравненно приличнее, чем две недели назад. "Зачем он сидел в этой распивочной?" - всё думалось ему.

- Я вам, Алексей Иванович, намеревался и про другую мою радость сообщить,- начал опять Павел Павлович.

- Радость?

- Я женюсь-с.

- Как?

- После скорби и радость-с, так всегда в жизни-с; я, Алексей Иванович, очень бы желал-с... но - не знаю, может, вы теперь спешите, потому что у вас такой вид-с...

- Да, я спешу и... да, я нездоров.

Ему ужасно вдруг захотелось отделаться; готовность к какому-то новому чувству вмиг исчезла.

- А я бы желал-с...

Павел Павлович не договорил, чего он желал; Вельчанинов промолчал.

- В таком случае уже после-с, если только повстречаемся...

- Да, да, после, после,- скороговоркой бормотал Вельчанинов, не глядя на него и не останавливаясь. Еще помолчали с минуту; Павел Павлович всё еще продолжал идти подле.

- В таком случае до свиданья-с,- вымолвил он наконец.

- До свиданья; желаю...

Вельчанинов воротился домой опять совсем расстроенный. Столкновение с "этим человеком" было ему не под силу. Ложась спать, он опять подумал: "Зачем он был у кладбища?"

На другой день поутру он решился наконец съездить к Погорельцевым, решился неохотно; ему слишком тяжело было теперь чье-нибудь участие, даже и от Погорельцевых. Но они так о нем беспокоились, что непременно надо было поехать. Ему вдруг представилось, что ему станет почему-то очень стыдно при первой с ними встрече. "Ехать или не ехать?" - думал он, спеша окончить завтрак, как вдруг, к чрезвычайному его изумлению, к нему вошел Павел Павлович.

Несмотря на вчерашнюю встречу, Вельчанинов и представить не мог, что этот человек когда-нибудь опять зайдет к нему, и был так озадачен, что глядел на него и не знал, что сказать. Но Павел Павлович распорядился сам, поздоровался и уселся на том же самом стуле, на котором сидел три недели назад в последнее свое посещение. Вельчанинову вдруг особенно ярко припомнилось то посещение. Беспокойно и с отвращением смотрел он на гостя.

- Удивляетесь-с? - начал Павел Павлович, угадавший взгляд Вельчанинова.

Вообще он казался гораздо развязнее, чем вчера, и в то же время проглядывало, что он и робел еще больше вчерашнего. Наружный вид его был особенно любопытен. Г-н Трусоцкий был не только прилично, но и франтовски одет - в легком летнем пиджаке, в светлых брюках в обтяжку, в светлом жилете; перчатки, золотой лорнет, для чего-то вдруг появившийся, белье - были безукоризненны; от него даже пахло духами. Во всей фигуре его было что-то и смешное и в то же время наводившее на какую-то странную и неприятную мысль.

- Конечно, Алексей Иванович,- продолжал он коробясь,- я вас удивил приходом-с, и - чувствую-с. Но между людьми, я так думаю-с, всегда сохраняется,- а по-моему, так и должно храниться-с,- нечто высшее, так ли-с? То есть высшее относительно всех условий и даже самых неприятностей, могущих выйти... так ли-с?

- Павел Павлович, скажите всё поскорее и без церемоний,- нахмурился Вельчанинов.

- В двух словах-с,- заспешил Павел Павлович,- я женюсь и отправляюсь теперь к невесте, сейчас-с. Они тоже на даче-с. Я желал бы получить глубокую честь, чтобы осмелиться познакомить вас с этим домом-с, и пришел-с с необычайною просьбою (Павел Павлович покорно нагнул голову) просить вас, чтобы мне сопутствовать-с...

- Куда сопутствовать? - Вельчанинов вытаращил глаза.

- К ним-с, то есть на дачу-с. Простите, я как в лихорадке говорю и, может, спутал; но я так уж вашего отказа боюсь-с...

И он плачевно посмотрел на Вельчанинова.

- Вы хотите, чтобы я с вами ехал теперь к вашей невесте? - переговорил Вельчанинов, быстро его оглядывая и не веря ни ушам, ни глазам своим.

- Да-с,- ужасно оробел вдруг Павел Павлович. - Вы не рассердитесь, Алексей Иванович, тут не дерзость-с; я только покорнейше и необычайно прошу. Я помечтал, что, может быть, вы и не захотели бы при этом отказать...

- Во-первых, это вовсе невозможно,- беспокойно заворочался Вельчанинов.

- Это только мое чрезмерное желание и не более-с,- продолжал тот умолять,- я не скрою тоже, что есть тут причина-с. Но о причине этой хотел бы открыть лишь после-с, а теперь лишь необычайно прошу-с...

И он даже встал со стула от почтения.

- Но во всяком случае это невозможно же, согласитесь сами...- Вельчанинов тоже встал с места.

- Это очень возможно-с, Алексей Иванович,- я при этом вас располагал познакомить-с, так, как приятеля-с; а во-вторых, вы ведь и без того там знакомы-с; ведь это к Захлебинину, на дачу. Статский советник Захлебинин-с.

- Как так? - вскричал Вельчанинов. Это был тот самый статский советник, которого он с месяц назад всё искал и не заставал дома, действовавший, как оказалось, в пользу противной стороны в его тяжбе.

- Ну да, ну да,- улыбался Павел Павлович, как бы ободренный чрезвычайным удивлением Вельчанинова,- тот самый, вот еще помните, когда вы тогда шли с ним и разговаривали, а я глядел на вас и стоял напротив; я тогда выжидал, чтобы к нему подойти после вас. Назад лет двадцать вместе даже служили-с, а тогда, когда подойти хотел после вас-с, у меня еще не было мысли. Теперь только внезапно пришла, с неделю назад-с.

- Но послушайте, ведь это, кажется, весьма порядочное семейство? - наивно удивился Вельчанинов.

- Так почему же-с, если порядочное? - покривился Павел Павлович.

- Нет, разумеется, я не про то... но сколько я заметил, там бывши...

- Они помнят, они помнят-с, как вы были,- радостно подхватил Павел Павлович,- только вы семейства не могли тогда увидеть-с; а сам он помнит-с и вас уважает. Я им почтительно об вас говорил.

- Но как же, если вы только три месяца вдовеете?

- Да ведь не сейчас свадьба-то-с; свадьба через девять или через десять месяцев будет, так что ровно год траура и пройдет-с. Поверьте, что всё хорошо-с. Во-первых, Федосей Петрович меня даже с малолетства знает, знал покойную супругу мою, знает, как я жил, на каком счету-с, и, наконец, у меня есть состояние, а теперь вот и место с повышением получаю,- так это всё и на весу-с.

- Что ж, это дочь его?

- Я вам всё это расскажу в подробности-с,- приятно съёжился Павел Павлович,- позвольте папиросочку закурю. К тому же вы сами сегодня увидите. Во-первых, такие дельцы, как Федосей Петрович, здесь, в Петербурге, иногда очень на службе ценятся, если успеют обратить внимание-с. Но ведь кроме жалованья и пуще того - прибавочных, наградных, дополнительных, столовых или там единовременных пособий-с - ничего ведь и нет-с, то есть основного-то-с, составляющего

68

капитал. Живут хорошо, а скопить никак невозможно, если при семействе-с. Сообразите сами: восемь девиц у Федосея Петровича и один только сын малолеток. Умри он сейчас - останется ведь только пенсия жиденькая-с. А тут восемь девиц,- нет, вы только сообразите-с, сообразите-с: ведь это если каждой по башмакам, так и тут что составит! Из восьми девиц пять уж невест-с, старшей-то двадцать четыре года (прелестнейшая девица, сами увидите-с!), а шестой - пятнадцать лет, еще в гимназии учится. Ведь для пяти-то старших девиц надо женихов приискать, что по возможности заблаговременнее делать следует, отцу-с надо, стало быть, вывозить-с,- чего же это стоит, я вас спрошу-с? И вдруг я появляюсь, еще первый жених у них в доме-с, и им известен заведомо, то есть в том смысле, что при действительном состоянии-с. Ну вот и всё-с.

Павел Павлович объяснял с упоением.

- Вы к старшей посватались?

- Н-нет-с, я... не к старшей; я вот к этой шестой посватался, вот которая еще продолжает учение в гимназии.

- Как? - невольно усмехнулся Вельчанинов.- Да ведь вы же говорите, ей пятнадцать лет!

- Пятнадцать-с теперь; но через девять месяцев ей будет шестнадцать, шестнадцать лет и три месяца, так почему же-с? А так как теперь всё это неприлично-с, то гласного покамест и нет ничего, а только с родителями... Поверьте, что всё хорошо-с!

- Стало быть, еще не решено?

- Нет, решено, всё решено-с. Поверьте, что всё хорошо-с.

- А она знает?

- То есть это только вид такой, для приличия, что будто и не говорят; а ведь как же не знать-с? - приятно прищурился Павел Павлович.- Что же, осчастливите, Алексей Иванович? - ужасно робко закончил он.

- Да зачем мне-то туда? Впрочем,- прибавил он торопливо,- так как я во всяком случае не поеду, то и не выставляйте мне никаких причин.

- Алексей Иванович...

- Да неужели же я с вами рядом сяду и поеду, подумайте!

Отвратительное и неприязненное ощущение возвратилось опять к нему после минутного развлечения болтовней Павла Павловича о невесте. Еще бы, кажется, минута, и од прогнал бы его вовсе. Он злился даже на себя за что-то.

- Сядьте, Алексей Иванович, сядьте рядом и не раскаетесь! - проникнутым голосом умолял Павел Павлович.- Нет-нет-нет! - замахал он руками, поймав нетерпеливый и решительный жест Вельчанинова.- Алексей Иванович, Алексей Иванович, подождите предрешать-с! Я вижу, что вы, может быть, превратно меня поняли: ведь я слишком хорошо понимаю, что ни вы мне, ни я вам - мы не товарищи-с; я ведь не до того уж нелеп-с, чтобы уж этого не понять-с. И что теперешняя услуга, о которой прошу, ни к чему в дальнейшем вам не вменяется. Да и сам я послезавтра уеду совсем-с, совершенно-с; значит, как бы и не было ничего. Пусть этот день будет один только случай-с. Я к вам шел и надежду основал на благородстве особенных чувств вашего сердца, Алексей Иванович,- именно на тех самых чувствах, которые в последнее время могли быть в вашем сердце возбуждены-с... Ясно ведь, кажется, я говорю или еще нет-с?

Волнение Павла Павловича возросло до чрезвычайности. Вельчанинов странно глядел на него.

- Вы просите о какой-то услуге с моей стороны,- спросил он задумываясь,- и ужасно настаиваете,- это мне подозрительно; я хочу больше знать.

- Вся услуга лишь в том, что вы со мной поедете. А потом, когда приедем обратно, я всё разверну перед вами как на исповеди. Алексей Иванович, доверьтесь!

Но Вельчанинов всё еще отказывался, и тем упорнее, что ощущал в себе одну какую-то тяжелую, злобную мысль. Эта злая мысль уже давно зашевелилась в нем, с самого начала, как только Павел Павлович возвестил о невесте: простое ли это было любопытство, или какое-то совершенно еще неясное влечение, но его тянуло - согласиться. И чем больше тянуло, тем более он оборонялся. Он сидел, облокотясь на руку, и раздумывал. Павел Павлович юлил около него и упрашивал.

- Хорошо, поеду,- согласился он вдруг беспокойно и почти тревожно, вставая с места. Павел Павлович обрадовался чрезмерно.

- Нет уж вы, Алексей Иванович, теперь приоденьтесь,- юлил он радостно вокруг одевавшегося Вельчанинова,- получше, по-вашему оденьтесь.

"И чего он сам туда лезет, странный человек?" - думал про себя Вельчанинов.

- А ведь я не одной этой услуги от вас, Алексей Иванович, ожидаю-с. Уж коли дали согласие, так уж будьте и руководителем-с.

- Например?

- Например, большой вопрос-с: креп-с? Что приличнее: снять или с крепом остаться?

- Как хотите.

- Нет, я вашего решения желаю-с, как бы вы поступили сами, то есть если бы имели креп-с? Моя собственная мысль была, что если сохранить, так это на постоянство чувств-с укажет-с, а стало быть, лестно отрекомендует.

- Разумеется, снимите.

- Неужто уж и разумеется? - Павел Павлович задумался.- Нет, уж я бы лучше сохранил-с...

- Как хотите. "Однако он мне не доверяет, это хорошо",- подумал Вельчанинов.

Они вышли; Павел Павлович с довольством приглядывался к принарядившемуся Вельчанинову; даже как будто больше почтения и важности проявилось в его лице. Вельчанинов дивился на него и еще больше на себя самого. У ворот стояла поджидавшая их превосходная коляска.

- А у вас уже и коляска была готова? Стало быть, вы были уверены, что я поеду?

- Коляску я взял для себя-с, но почти уверен был, что вы согласитесь поехать,- ответил Павел Павлович с видом совершенно счастливого человека.

- Эй, Павел Павлович,- как-то раздражительно засмеялся Вельчанинов, когда уже уселись и тронулись,- не слишком ли вы во мне уверены?

- Но ведь не вам же, Алексей Иванович, не вам же сказать мне за это, что я дурак? - твердо и проникнутым голосом ответил Павел Павлович.

"А Лиза?" - подумал Вельчанинов и тотчас же бросил об этом думать, как бы испугавшись какого-то кощунства. И вдруг ему показалось, что он сам так мелок, так ничтожен в эту минуту; показалось, что мысль, его соблазнявшая,- такая маленькая, такая скверненькая мысль... и во что бы то ни стало захотелось ему опять всё бросить и хоть сейчас выйти из коляски, даже если б надо было для этого прибить Павла Павловича. Но тот заговорил, и соблазн опять охватил его сердце.

- Алексей Иванович, знаете вы толк в драгоценных вещах-с?

- В каких драгоценных вещах?

- В бриллиантовых-с.

- Знаю.

- Я бы хотел подарочек свезти. Руководите: надо или нет?

- По-моему - не надо.

- А я так бы очень хотел-с,- заворочался Павел Павлович,- только вот что же бы купить-с? Весь ли прибор, то есть брошь, серьги, браслет, или одну только вещицу?

- Вы сколько хотите заплатить?

- Да уж рублей четыреста или пятьсот-с.

- Ух!

- Много, что ли? - встрепенулся Павел Павлович.

- Купите один браслет, во сто рублей.

Павел Павлович даже огорчился. Ему ужасно как хотелось заплатить дороже и купить "весь" прибор. Он настаивал. Заехали в магазин. Кончилось тем, однако же, что купили только один браслет и не тот, который хотелось Павлу Павловичу, а тот, на который указал Вельчанинов. Павлу Павловичу хотелось взять оба. Когда купец, запросивший сто семьдесят пять рублей за браслет, спустил за сто пятьдесят,- то ему стало даже досадно; он с приятностию заплатил бы и двести, если бы с него запросили, так уж хотелось ему заплатить подороже.

- Это ничего, что я так подарками спешу,- изливался он в упоении, когда опять поехали,- там ведь не высший свет, там просто-с. Невинность любит подарочки,- хитро и весело улыбнулся он.- Вы вот усмехнулись давеча, Алексей Иванович, на то, что пятнадцать лет; а ведь мне это-то и в голову стукнуло,- именно, что вот в гимназию ходит, с мешочком на руке, в котором тетрадки и перушки, хе-хе! Мешочек-то и пленил мои мысли! Я, собственно, для невинности, Алексей Иванович. Дело для меня не столько в красоте лица, сколько в этом-с. Хихикают там с подружкой в уголку, и как смеются, и боже мой! А чему-с: весь-то смех из того, что кошечка с комода на постельку соскочила и клубочком свернулась... Так тут ведь свежим яблочком пахнет-с! Аль снять уж креп?

- Как хотите.

- Сниму! - Он снял шляпу, сорвал креп и выбросил на дорогу. Вельчанинов видел, что лицо его засияло самой ясной надеждой, когда он надел опять шляпу на свою лысую голову.

"Да неужто он и в самом деле такой? - подумал он в настоящей уже злобе,- неужто тут нет никакой штуки в том, что он меня пригласил? Неужто и в самом деле на благородство мое рассчитывает? - продолжал он, почти обидевшись последним предположением.- Что это, шут, дурак или "вечный муж"? Да невозможно же, наконец!.."

XII

У ЗАХЛЕБИНИНЫХ

Захлебинины были действительно "очень порядочное семейство", как выразился давеча Вельчанинов, а сам Захлебинин был весьма солидный чиновник и на виду. Правда была и всё то, что говорил Павел Павлович насчет их доходов: "Живут, кажется, хорошо, а умри человек, и ничего не останется".

Старик Захлебинин прекрасно и дружески встретил Вельчанинова и из прежнего "врага" совершенно обратился в приятеля.

- Поздравляю, так-то лучше,- заговорил он с первого слова, с приятным и осанистым видом,- я сам на мировой настаивал, а Петр Карлович (адвокат Вельчанинова) золотой на этот счет человек. Что ж? Тысяч шестьдесят получите и без хлопот, без проволочек, без ссор! А на три года могло затянуться дело!

Вельчанинов тотчас был представлен и m-me Захлебининой, весьма расплывшейся пожилой даме, с простоватым и усталым лицом. Стали выплывать и девицы, одна за другой или парами. Но что-то очень уж много явилось девиц; мало-помалу собралось их до десяти или до двенадцати,- Вельчанинов и сосчитать не мог; одни входили, другие выходили. Но в числе их было много дачных соседок-подружек. Дача Захлебининых - большой деревянный дом, в неизвестном, но причудливом вкусе, с разновременными пристройками - пользовалась большим садом; но в этот сад выходили еще три или четыре другие дачи с разных сторон, так что большой сад был общий, что, естественно, и способствовало сближению девиц с дачными соседками. Вельчанинов с первых же слов разговора заметил, что его уже здесь ожидали и что приезд его в качестве Павла Павловичева друга, желающего познакомиться, был чуть ли не торжественно возвещен. Зоркий и опытный в этих делах его взгляд скоро отличил тут даже нечто особенное: по слишком любезному приему родителей, по некоторому особенному виду девиц и их наряду (хотя, впрочем, день был праздничный) у него замелькало подозрение, что Павел Павлович схитрил и очень могло быть, что внушил здесь, не говоря, разумеется, прямых слов, нечто вроде предположения об нем как о скучающем холостяке, "хорошего общества", с состоянием и который, очень и очень может быть, наконец вдруг решится "положить предел" и устроиться, - тем более что и наследство получил". Кажется, старшая m-lle Захлебинина, Катерина Федосеевна, именно та, которой было двадцать четыре года и о которой Павел Павлович выразился как о прелестной особе, была несколько настроена на этот тон. Она особенно выдавалась перед сестрами своим костюмом и какою-то оригинальною уборкою своих пышных волос. Сестры же и все другие девицы глядели так, как будто и им уже было твердо известно, что Вельчанинов знакомится "для Кати" и приехал ее "посмотреть". Их взгляды и некоторые даже словечки, промелькнувшие невзначай в продолжение дня, подтвердили ему потом эту догадку. Катерина Федосеевна была высокая, полная до роскоши

73

блондинка, с чрезвычайно милым лицом, характера, очевидно, тихого и непредприимчивого, даже сонливого. "Странно, что такая засиделась,- невольно подумал Вельчанинов, с удовольствием к ней приглядываясь,- пусть без приданого и скоро совсем расплывется, но покамест на это столько любителей..." Все остальные сестры были тоже не совсем дурны собой, а между подружками мелькало несколько забавных и даже хорошеньких личик. Это стало его забавлять; а впрочем, он и вошел с особенными мыслями. Надежда Федосеевна, шестая, гимназистка и предполагаемая невеста Павла Павловича, заставила себя подождать. Вельчанинов ждал ее с нетерпением, чему сам дивился, и усмехался про себя. Наконец она показалась, и не без эффекта, в сопровождении одной бойкой и вострой подружки, Марьи Никитишны, брюнетки с смешным лицом и которой, как оказалось сейчас же, чрезвычайно боялся Павел Павлович. Эта Марья Никитишна, девушка лет уже двадцати трех, зубоскалка и даже умница, была гувернанткой маленьких детей в одном соседнем и знакомом семействе и давно уже считалась как родная у Захлебининых, а девицами ценилась ужасно. Видно было, что она особенно необходима теперь и Наде. С первого взгляда разглядел Вельчанинов, что девицы были все против Павла Павловича, даже и подружки, а во вторую минуту после выхода Нади он решил, что и она его ненавидит. Заметил тоже, что Павел Павлович совершенно этого не примечает или не хочет примечать. Бесспорно, Надя была лучше всех сестер - маленькая брюнетка, с видом дикарки и с смелостью нигилистки; вороватый бесенок с огненными глазками, с прелестной улыбкой, хотя часто и злой, с удивительными губками и зубками, тоненькая, стройненькая, с зачинавшеюся мыслью в горячем выражении лица, в то же время почти совсем еще детского. Пятнадцать лет сказывались в каждом ее шаге, в каждом слове. Оказалось потом, что и действительно Павел Павлович увидал ее в первый раз с клеенчатым мешочком в руках; но теперь уже она его не носила.

Подарок браслета совершенно не удался и произвел впечатление даже неприятное. Павел Павлович, только лишь завидел вошедшую невесту, тотчас же подошел к ней ухмыляясь. Дарил он под предлогом "приятного удовольствия, ощущенного им в предыдущий раз по поводу спетого Надеждой Федосеевной приятного романса за фортепьянами..." Он сбился, не докончил и стоял как потерянный, протягивая и втыкая в руку Надежды Федосеевны футляр с браслетом, который та не хотела брать, и, покраснев от стыда и гнева, отводила свои руки назад. Дерзко оборотилась она к мамаше, на лице которой выражалось замешательство, и громко сказала:

- Я не хочу брать, maman!

- Возьми и поблагодари,- промолвил отец с покойною строгостью, но и он был тоже недоволен.- Лишнее, лишнее! - пробормотал он назидательно Павлу Павловичу. Надя, нечего делать, футляр взяла и, опустив глазки, присела, как приседают маленькие девочки, то есть вдруг бултыхнулась вниз и вдруг тотчас же привскочила, как на пружинке. Одна из сестер подошла посмотреть, и Надя передала ей футляр, еще и не раскрытый, тем показывая, что сама и глядеть не хочет. Браслет вынули, и он стал обходить всех из рук в руки; но все смотрели молча, а иные так и насмешливо. Одна только мамаша промямлила, что браслет очень мил. Павел Павлович готов был провалиться сквозь землю.

Выручил Вельчанинов.

Он вдруг громко и охотно заговорил, схватив первую попавшуюся мысль, и не прошло еще пяти минут, как он уже овладел вниманием всех бывших в гостиной. Он великолепно изучил искусство болтать в светском обществе, то есть искусство казаться совершенно простодушным и показывать в то же время вид, что и слушателей своих считает за таких же простодушных, как сам, людей. Чрезвычайно натурально мог прикинуться он, когда надо, веселейшим и счастливейшим человеком. Очень ловко умел тоже вставить между словами острое и задирающее словцо, веселый намек, смешной каламбур, но совершенно как бы невзначай, как бы и не замечая,- тогда как и острота, и каламбур, и самый-то разговор, может быть, давным-давно уже были заготовлены и заучены и уже не раз употреблялись. Но в настоящую минуту к его искусству присоединилась и сама природа: он чувствовал, что настроен, что его что-то влечет; чувствовал в себе полнейшую и победительную уверенность, что через несколько минут все эти глаза будут обращены на него, все эти люди будут слушать только его одного, говорить только с ним, смеяться только тому, что он скажет. И действительно, вскоре послышался смех, мало-помалу в разговор ввязались и другие,- а он в совершенстве овладел умением затягивать в разговор и других,- раздавались уже по три и по четыре говорившие голоса разом. Скучное и усталое лицо госпожи Захлебининой озарилось почти радостью; то же было и с Катериной Федосеевной, которая слушала и смотрела как очарованная. Надя зорко вглядывалась в него исподлобья; заметно было, что она против него уже предубеждена. Это еще более подожгло Вельчанинова. "Злая" Марья Никитишна сумела-таки ввернуть в разговор одну довольно чувствительную колкость на его счет; она выдумала и утверждала, что будто бы Павел Павлович отрекомендовал его здесь вчера своим другом детства, и таким образом прибавляла к его годам, ясно намекнув на это, целых семь лет лишних. Но и злой Марье Никитишне он понравился. Павел Павлович решительно был озадачен. Он, конечно, имел понятие о средствах, которыми обладает его друг, и вначале даже был рад его успеху, сам подхихикивал и вмешивался в разговор; но почему-то он мало-помалу стал впадать как бы в раздумье, даже, наконец, в уныние, что ясно выражалось в его встревоженной физиономии.

- Ну, вы такой гость, которого и занимать не надо,- весело порешил наконец старик Захлебинин, вставая со стула, чтобы отправиться к себе наверх, где у него, несмотря на праздничный день, уже приготовлено было несколько деловых бумаг для просмотру,- а ведь, представьте, я вас считал самым мрачным ипохондриком из всех молодых людей. Вот как ошибаешься!

В зале стоял рояль; Вельчанинов спросил, кто занимается музыкой, и вдруг обратился к Наде.

- А вы, кажется, поете?

- Кто вам сказал? - отрезала Надя.

- Павел Павлович говорил давеча.

- Неправда; я только на смех пою; у меня и голосу нет.

- Да и у меня голосу нет, а пою же.

- Так вы споете нам? Ну так и я вам спою,- сверкнула глазками Надя,- только не теперь, а после обеда. Я терпеть не могу музыки,- прибавила она,- надоели эти фортопьяны; у нас ведь с утра до ночи все играют и поют - одна Катя чего стоит.

Вельчанинов тотчас привязался к слову, и оказалось, что Катерина Федосеевна одна из всех серьезно занимается на фортепьяно. Он тотчас к ней обратился с просьбой сыграть. Всем, видимо, стало приятно, что он обратился к Кате, а maman так даже покраснела от удовольствия. Катерина Федосеевна встала улыбаясь, и пошла к роялю, и вдруг, себе неожиданно, тоже вся закраснелась, и ужасно ей вдруг стало стыдно, что вот она такая большая, и уже двадцати четырех лет, и такая полная, а краснеет как девочка,- и всё это было написано на ее лице, когда она садилась играть. Сыграла она что-то из Гайдна и сыграла отчетливо, хотя и без выражения; но она оробела. Когда она кончила, Вельчанинов стал ужасно хвалить ей не ее, а Гайдна и особенно ту маленькую вещицу, которую она сыграла,- и ей, видимо, стало так приятно, и она так благодарно и счастливо слушала похвалы не себе, а Гайдну, что Вельчанинов невольно посмотрел на нее и ласковее и внимательнее. "Э, да ты славная?" - засветилось в его взгляде - и все как бы разом поняли этот взгляд, а особенно сама Катерина Федосеевна.

- У вас славный сад,- обратился он вдруг ко всем, смотря на стеклянные двери балкона,- знаете, пойдемте-ка все в сад!

- Пойдемте, пойдемте! - раздались радостные взвизги, точно он угадал самое главное всеобщее желание.

В саду прогуляли до обеда. Госпожа Захлебинина, которой давно уже хотелось пойти заснуть, тоже не удержалась и вышла погулять со всеми, но благоразумно осталась посидеть и отдохнуть на балконе, где тотчас и задремала. В саду взаимные отношения Вельчанинова и всех девиц стали еще дружественнее. Он заметил, что с соседних дач присоединилось два-три очень молодых человека; один был студент, а другой и просто гимназист.

Эти тотчас же подскочили каждый к своей девице, и видно было, что и пришли для них; третий же "молодой человек", очень мрачный и взъерошенный двадцатилетний мальчик, в огромных синих очках, стал торопливо и нахмуренно шептаться о чем-то с Марьей Никитишной и Надей. Он строго осматривал Вельчанинова и, казалось, считал себя обязанным относиться к нему с необыкновенным презрением. Некоторые девицы предлагали поскорее начать играть. На вопрос Вельчанинова, во что они играют, отвечали, что во все игры и в горелки, но что вечером будут играть в пословицы, то есть все садятся и один на время отходит; все же сидящие выбирают пословицу, например: "Тише едешь, дальше будешь", и когда того призовут, то каждый или каждая по порядку должны приготовить и сказать ему по одной фразе. Первый непременно говорит такую фразу, в которой есть слово "тише", второй - такую, в которой есть слово "едешь", и т. д. А тот должен непременно подхватить все эти словечки и по ним угадать пословицу.

- Это должно быть очень забавно,- заметил Вельчанинов.

- Ах нет, прескучно,- ответили два-три голоса разом.

- А то мы в театр тоже играем,- заметила Надя, обращаясь к нему.- Вот видите это толстое дерево, около которого скамьей обведено: там, за деревом, будто бы кулисы и там актеры сидят, ну там король, королева, принцесса, молодой человек - как кто захочет; каждый выходит, когда ему вздумается, и говорит, что на ум придет, ну что-нибудь и выходит.

- Да это славно! - похвалил еще раз Вельчанинов.

- Ах нет, прескучно! Сначала каждый раз весело выходит, а под конец каждый раз бестолково, потому что никто не умеет кончить; разве вот с вами будет занимательнее. А то мы думали про вас, что вы друг Павла Павловича, а выходит, что он просто нахвастал. Я очень рада, что вы приехали... по одному случаю,- весьма серьезно и внушительно посмотрела она на Вельчанинова и тотчас же отошла к Марье Никитишне.

- В пословицы вечером будут играть,- вдруг конфиденциально шепнула Вельчанинову одна подружка, которую он до сих пор едва даже заметил и ни слова еще с нею не выговорил,- вечером над Павлом Павловичем все станут смеяться, так и вы тоже.

- Ах, как хорошо, что вы приехали, а то у нас всё так скучно,-

дружески проговорила ему другая подружка, которую он уже и совсем до сих пор не заметил, бог знает вдруг откуда явившаяся, рыженькая, с веснушками и с ужасно смешно разгоревшимся от ходьбы и от жару лицом.

Беспокойство Павла Павловича возрастало всё более и более. В саду под конец Вельчанинов совершенно уже успел сойтись с Надей; она уже не выглядывала, как давеча, исподлобья и отложила, кажется, мысль его осматривать подробнее, а хохотала, прыгала, взвизгивала и раза два даже схватила его за руку; она была счастлива ужасно, на Павла же Павловича продолжала не обращать ни малейшего внимания, как бы не замечая его. Вельчанинов убедился, что существует положительный заговор против Павла Павловича; Надя с толпой девушек отвлекала Вельчанинова в одну сторону, а другие подружки под разными предлогами заманивали Павла Павловича в другую; но тот вырывался и тотчас же опрометью прибегал прямо к ним, то есть к Вельчанинову и Наде, и вдруг вставлял свою лысую и беспокойно подслушивающую голову между ними. Под конец он уже даже и не стеснялся; наивность его жестов и движений была иногда удивительная. Не мог не обратить еще раз особенного внимания Вельчанинов и на Катерину Федосеевну; ей, конечно, уже стало ясно теперь, что он вовсе не для нее приехал, а слишком уже заинтересовался Надей; но лицо ее было так же мило и благодушно, как давеча. Она, казалось, уже тем одним была счастлива, что находится тоже подле них и слушает то, что говорит новый гость; сама же, бедненькая, никак не умела ловко вмешаться в разговор.

- А какая славная у вас сестрица Катерина Федосеевна! - сказал Вельчанинов вдруг потихоньку Наде.

- Катя-то! Да добрее разве может быть душа, как у ней? Наш общий ангел, я в нее влюблена,- отвечала та восторженно.

Настал наконец и обед в пять часов, и тоже очень заметно было, что обед устроен не по-обыкновенному, а нарочно для гостя. Явилось два-три кушанья, очевидно прибавочные к обычному столу, довольно мудреные, а одно из них так и совсем какое-то странное, так что его и назвать никто бы не мог. Кроме обыкновенных столовых вин, появилась тоже, очевидно, придуманная для гостя бутылка токайского; под конец обеда для чего-то подали и шампанское. Старик Захлебинин, выпив лишнюю рюмку, был в самом благодушном настроении и готов был смеяться всему, что говорил Вельчанинов. Кончилось тем, что Павел Павлович наконец не выдержал: увлекшись соревнованием, он вдруг задумал тоже сказать какой-нибудь каламбур и сказал: на конце стола, где он сидел подле m-me Захлебининой, послышался вдруг громкий смех обрадовавшихся девиц.

- Папаша, папаша! Павел Павлович тоже каламбур сказал,- кричали

78

две средние Захлебинины в один голос,- он говорит, что мы "девицы, на которых нужно дивиться..."

- А, и он каламбурит! Ну, какой же он сказал каламбур? - степенным голосом отозвался старик, покровительственно обращаясь к Павлу Павловичу и заранее улыбаясь ожидаемому каламбуру.

- Да вот же он и говорит, что мы "девицы, на которых нужно дивиться".

- Д-да! Ну так что ж? - старик всё еще не понимал и еще добродушнее улыбался в ожидании.

- Ах, папаша, какой вы, не понимаете! Ну девицы и потом дивиться; девицы похоже на дивиться, девицы, на которых нужно дивиться...

- А-а-а! - озадаченно протянул старик.- Гм! Ну,- он в другой раз получше скажет! - и старик весело рассмеялся.

- Павел Павлович, нельзя же иметь все совершенства разом! - громко поддразнила Марья Никитишна.- Ах, боже мой, он костью подавился! - воскликнула она и вскочила со стула.

Поднялась даже суматоха, но Марье Никитишне только того и хотелось. Павел Павлович только захлебнулся вином, за которое он схватился, чтобы скрыть свой конфуз, но Марья Никитишна уверяла и клялась на все стороны, что это "рыбья кость, что она сама видела и что от этого умирают".

- Постукать по затылку! - крикнул кто-то.

- В самом деле и самое лучшее! - громко одобрил Захлебинин, но уже явились и охотницы: Марья Никитишна, рыженькая подружка (тоже приглашенная к обеду) и, наконец, сама мать семейства, ужасно перепугавшаяся,- все хотели стукать Павла Павловича по затылку. Выскочивший из-за стола Павел Павлович отвертывался и целую минуту должен был уверять, что он только поперхнулся вином и что кашель сейчас пройдет,- пока наконец-то догадались, что всё это - проказы Марьи Никитишны.

- Ну, однако, уж ты, забияка!..- строго заметила m-me Захлебинина Марье Никитишне,- но тотчас не выдержала и расхохоталась так, как с нею редко случалось, что тоже произвело своего рода эффект. После обеда все вышли на балкон пить кофе.

- И какие славные стоят дни! - благосклонно похвалил природу старик, с удовольствием смотря в сад,- только бы вот дождя... Ну, а я пойду отдохнуть. С богом, с богом, веселитесь! И ты веселись! - стукнул он, выходя, по плечу Павла Павловича.

Когда все опять сошли в сад, Павел Павлович вдруг подбежал к Вельчанинову и дернул его за рукав.

- На одну минутку-с,- прошептал он в нетерпении. Они вышли в боковую, уединенную дорожку сада.

- Нет, уж здесь извините-с, нет, уж здесь я не дам-с...- яростно захлебываясь, прошептал он, ухватив Вельчанинова за рукав.

- Что? Чего? - спрашивал Вельчанинов, сделав большие глаза. Павел Павлович молча смотрел на него, шевелил губами и яростно улыбнулся.

- Куда же вы? Где же вы тут? Всё уж готово! - послышались зовущие и нетерпеливые голоса девиц. Вельчанинов пожал плечами и воротился к обществу. Павел Павлович тоже бежал за ним.

- Бьюсь об заклад, что он у вас платка носового просил,- сказала Марья Никитишна,- прошлый раз он тоже забыл.

- Вечно забудет! - подхватила средняя Захлебинина.

- Платок забыл! Павел Павлович платок забыл! Maman, Павел Павлович опять платок носовой забыл, maman, у Павла Павловича опять насморк! - раздавались голоса.

- Так чего же он не скажет! Какой вы, Павел Павлович, щепетильный! - нараспев протянула m-me Захлебинина; - с насморком опасно шутить; я вам сейчас пришлю платок. И с чего у него всё насморк! - прибавила она уходя, обрадовавшись случаю воротиться домой.

- У меня два платка-с и нет насморка-с! - прокричал ей вслед Павел Павлович, но та, видно, не разобрала, и через минуту, когда Павел Павлович трусил вслед за всеми и всё поближе к Наде и Вельчанинову, запыхавшаяся горничная догнала его и принесла-таки ему платок.

- Играть, играть, в пословицы играть! - кричали со всех сторон, точно и бог знает чего ждали от "пословиц".

Выбрали место и уселись на скамейках; досталось отгадывать Марье Никитишне; потребовали, чтоб она ушла как можно дальше и не подслушивала; в отсутствие ее выбрали пословицу и роздали слова. Марья Никитишна воротилась и мигом отгадала. Пословица была: "Страшен сон, да милостив бог".

За Марьей Никитишной последовал взъерошенный молодой человек в синих очках. От него потребовали еще больше предосторожности,- чтоб он стал у беседки и оборотился лицом к забору. Мрачный молодой человек исполнял свою должность с презрением и даже как будто ощущал некоторое нравственное унижение. Когда его кликнули, он ничего не мог угадать, обошел всех и выслушал, что ему говорили по два раза, долго и мрачно соображал, но ничего не выходило. Его пристыдили. Пословица была: "За богом молитва, а за царем служба не пропадают!"

- И пословица-то мерзость! - с негодованием проворчал уязвленный юноша, ретируясь на свое место.

- Ах, как скучно! - послышались голоса.

Пошел Вельчанинов; его спрятали еще дальше всех; он тоже не угадал.

- Ах, как скучно! - послышалось еще больше голосов.

- Ну теперь я пойду,- сказала Надя.

- Нет, нет, теперь Павел Павлович пойдет, очередь Павлу Павловичу,- закричали все и оживились немножко.

Павла Павловича отвели к самому забору, в угол, и поставили туда лицом, а чтобы он не оглянулся, приставили за ним смотреть рыженькую. Павел Павлович, уже ободрившийся и почти снова развеселившийся, намерен был свято исполнить свой долг и стоял как пень, смотря на забор и не смея обернуться. Рыженькая сторожила его в двадцати шагах позади, ближе к обществу, у беседки, и о чем-то перемигивалась в волнении с девицами; видно было, что и все чего-то ожидали с некоторым даже беспокойством; что-то приготовлялось. Вдруг рыженькая замахала из-за беседки руками. Мигом все вскочили и бросились бежать куда-то сломя голову.

- Бегите, бегите и вы! - шептали Вельчанинову десять голосов чуть не в ужасе оттого, что он не бежит.

- Что такое? Что случилось? - спрашивал он, поспевая за всеми.

- Тише, не кричите! Пусть он там стоит и смотрит на забор, а мы все убежим. Вот и Настя бежит.

Рыженькая (Настя) бежала сломя голову, точно бог знает что случилось, и махала руками. Прибежали наконец все за пруд, совсем на другой конец сада. Когда дошел сюда и Вельчанинов, то увидел, что Катерина Федосеевна сильно спорила со всеми девицами и особенно с Надей и с Марьей Никитишной.

- Катя, голубчик, не сердись! - целовала ее Надя.

- Ну хорошо, я мамаше не скажу, но сама уйду, потому что это очень нехорошо. Что он, бедный, должен там у забора почувствовать.

Она ушла - из жалости, но все остальные пребыли неумолимы и безжалостны по-прежнему. От Вельчанинова строго потребовали, чтобы и он, когда воротится Павел Павлович, не обращал на него внимания, как будто ничего и не случилось. "А мы все давайте играть в горелки!" - прокричала в упоении рыженькая.

Павел Павлович присоединился к обществу по крайней мере только через четверть часа. Две трети этого времени он, наверно, простоял у забора. Горелки были в полном ходу и удались отлично,- все кричали и веселились. Обезумев от ярости, Павел Павлович прямо подскочил к Вельчанинову и опять схватил его за рукав.

- На одну минуточку-с!

- О господи, что он всё с своими минуточками!

- Опять платок просит,- прокричали им вслед.

- Ну уж этот раз это вы-с; тут уж теперь вы-с, вы причиной-с!..- Павел Павлович даже стучал зубами, выговаривая это.

Вельчанинов прервал его и мирно посоветовал ему быть веселее, а то его совсем задразнят: "Оттого вас и дразнят, что вы злитесь, когда всем весело". К его удивлению, слова и совет ужасно поразили Павла Павловича; он тотчас притих, до того даже, что воротился к обществу как виноватый и покорно принял участие в общих играх; затем его несколько времени не беспокоили и играли с ним, как со всеми,- и не прошло получасу, как он опять почти что развеселился. Во всех играх он ангажировал себе в пару, когда надо было, преимущественно изменницу рыженькую или одну из сестер Захлебининых. Но, к еще пущему своему удивлению, Вельчанинов заметил, что Павел Павлович ни разу почти не осмелился сам заговорить с Надей, хотя беспрерывно юлил подле или невдалеке от нее; по крайней мере свое положение не примечаемого и презираемого ею он принимал как бы так и должное, натуральное. Но под конец с ним все-таки опять сыграли штучку.

Игра была "прятаться". Спрятавшийся мог, впрочем, перебегать по всему тому месту, где позволено было ему спрятаться. Павлу Павловичу, которому удалось схоронить себя, влезши в густой куст, вдруг вздумалось, перебегая, вскочить в дом. Раздались крики, его увидели; он по лестнице поспешно улизнул в антресоли, зная там одно местечко за комодом, где хотел притаиться. Но рыженькая взлетела вслед за ним, подкралась на цыпочках к двери и защелкнула ее на замок. Все тотчас, как давеча, перестали играть и опять убежали за пруд, на другой конец сада. Минут через десять Павел Павлович, почувствовав, что его никто не ищет, выглянул из окошка. Никого не было. Кричать он не смел, чтобы не разбудить родителей; горничной и служанке дано было строгое приказание не являться и не отзываться на зов Павла Павловича. Могла бы отпереть ему Катерина Федосеевна, но она, возвратясь в свою комнатку и сев помечтать, неожиданно тоже заснула. Он просидел таким образом около часу. Наконец стали появляться, как бы невзначай, проходя, по две и по три девицы.

- Павел Павлович, что вы к нам нейдете? Ах, как там весело! Мы в театр играем. Алексей Иванович "молодого человека" представлял.

- Павел Павлович, что же вы нейдете, на вас нужно дивиться! - замечали проходившие другие девицы.

- Чему опять дивиться? - раздался вдруг голос m-me Захлебининой, только что проснувшейся и решившейся наконец пройтись по саду и взглянуть на "детские" игры в ожидании чаю.

- Да вот Павел Павлович,- указали ей на окно, в которое выглядывало, искаженно улыбаясь, лицо, побледневшее от злости,- лицо Павла Павловича.

- И охота человеку сидеть одному, когда всем так весело! - покачала головою мать семейства.

Тем временем Вельчанинов удостоился наконец получить от Нади объяснение ее давешних слов о том, что она "рада его приезду по одному случаю". Объяснение произошло в уединенной аллее. Марья Никитишна нарочно вызвала Вельчанинова, участвовавшего в каких-то играх и уже начинавшего сильно тосковать, и привела его в эту аллею, где и оставила его одного с Надей.

- Я совершенно убедилась,- затрещала она смелой и быстрой скороговоркой,- что вы вовсе не такой друг Павла Павловича, как он об вас нахвастал. Я рассчитала, что только вы один можете оказать мне одну чрезвычайно важную услугу; вот его давешний скверный браслет,- вынула она футляр из кармашка,- я вас покорнейше буду просить возвратить ему немедленно, потому что сама я ни за что и никогда не заговорю с ним теперь во всю жизнь. Впрочем, можете сказать ему это от моего имени и прибавьте, чтоб он не смел вперед соваться с подарками. Об остальном я уже дам ему знать через других. Угодно вам сделать мне удовольствие, исполнить мое желание?

- Ах, ради бога, избавьте! - почти вскричал Вельчанинов, замахав руками.

- Как! Как избавьте? - неимоверно удивилась Надя его отказу и вытаращила на него глаза. Весь подготовленный тон ее порвался в один миг, и она чуть уж не плакала. Вельчанинов. рассмеялся.

- Я не то чтобы... я очень бы рад... но у меня с ним свои счеты...

- Я знала, что вы ему не друг и что он налгал! - пылко и скоро перебила его Надя.- Я никогда не выйду за него замуж, знайте это! Никогда! Я не понимаю даже, как он осмелился... Только вы все-таки должны передать ему его гадкий браслет, а то как же мне быть? Я непременно, непременно хочу, чтоб он сегодня же, в тот же день, получил обратно и гриб съел. А если он нафискалит папаше, то увидит, как ему достанется.

Из-за куста вдруг и совсем неожиданно выскочил взъерошенный молодой человек в синих очках.

- Вы должны передать браслет,- неистово накинулся он на Вельчанинова,- уже во имя одних только прав женщины, если вы сами стоите на высоте вопроса...

Но он не успел докончить; Надя рванула его изо всей силы за рукав и оттащила от Вельчанинова.

- Господи, как вы глупы, Предпосылов! - закричала она.- Ступайте вон! Ступайте вон, ступайте вон и не смейте подслушивать, я вам приказала далеко стоять!.. - затопала она на него ножками, и когда уже тот улизнул опять в свои кусты, она все-таки продолжала ходить поперек дорожки, как бы вне себя, взад и вперед, сверкая глазками и сложив перед собою обе руки ладошками.

- Вы не поверите, как они глупы! - остановилась

она вдруг перед Вельчаниновым.- Вам вот смешно, а мне-то каково!

- Это ведь не он, не он? - смеялся Вельчанинов.

- Разумеется, не он, и как только вы могли это подумать! - улыбнулась и закраснелась Надя.- Это только его друг. Но каких он выбирает друзей, я не понимаю, они все там говорят, что это "будущий двигатель", а я ничего не понимаю... Алексей Иванович, мне не к кому обратиться; последнее слово, отдадите вы или нет?

- Ну хорошо, отдам, давайте.

- Ах, вы милый, ах, вы добрый! - обрадовалась вдруг она, передавая ему футляр.- Я вам за это целый вечер петь буду, потому что я прекрасно пою, знайте это, а я давеча налгала, что музыки не люблю. Ах, кабы вы еще хоть разочек приехали, как бы я была рада, я бы вам всё, всё, всё рассказала, и много бы кроме того, потому что вы такой добрый, такой добрый, как - как Катя!

И действительно, когда воротились домой, к чаю, она ему спела два романса голосом совсем еще не обработанным и только что начинавшимся, но довольно приятным и с силой. Павел Павлович, когда все воротились из саду, солидно сидел с родителями за чайным столом, на котором уже кипел большой семейный самовар и расставлены были фамильные чайные чашки севрского фарфора. Вероятно, он рассуждал с стариками о весьма серьезных вещах,- так как послезавтра он уезжал на целые девять месяцев. На вошедших из сада, и преимущественно на Вельчанинова, он даже и не поглядел; очевидно было тоже, что он не "нафискалил" и что всё покамест было спокойно.

Но когда Надя стала петь, явился тотчас и он. Надя нарочно не ответила на один его прямой вопрос, но Павла Павловича это не смутило и не поколебало; он стал за спинкой ее стула, и весь вид его показывал, что это его место и что он его никому не уступит.

- Алексею Ивановичу петь, maman, Алексей Иванович хочет спеть! - закричали почти все девицы, теснясь к роялю, за который самоуверенно усаживался Вельчанинов, располагаясь сам себе аккомпанировать. Вышли и старики и Катерина Федосеевна, сидевшая с ними и разливавшая чай.

Вельчанинов выбрал один, почти никому теперь не известный романс Глинки:

Когда в час веселый откроешь ты губки
И мне заворкуешь нежнее голубки...

Он спел его, обращаясь к одной только Наде, стоявшей у самого его локтя и всех к нему ближе. Голосу у него давно уже не было, но видно было по остаткам, что прежде был недурной. Этот романс Вельчанинову удалось слышать в первый раз лет двадцать перед этим, когда он был еще студентом, от самого Глинки, в доме одного приятеля покойного композитора, на литературно-артистической холостой вечеринке. Расходившийся Глинка сыграл и спел все свои любимые вещи из своих сочинений, в том числе этот романс. У него тоже не оставалось тогда голосу, но Вельчанинов помнил чрезвычайное впечатление, произведенное тогда именно этим романсом. Какой-нибудь искусник, салонный певец, никогда бы не достиг такого эффекта. В этом романсе напряжение страсти идет, возвышаясь и увеличиваясь с каждым стихом, с каждым словом; именно от силы этого необычайного напряжения малейшая фальшь, малейшая утрировка и неправда, которые так легко сходят с рук в опере,- тут погубили и исказили бы весь смысл. Чтобы пропеть эту маленькую, но необыкновенную вещицу, нужна была непременно - правда, непременно настоящее, полное вдохновение, настоящая страсть или полное поэтическое ее усвоение. Иначе романс не только совсем бы не удался, но мог даже показаться безобразным и чуть ли не каким-то бесстыдным: невозможно было бы выказать такую силу напряжения страстного чувства, не возбудив отвращения, а правда и простодушие спасали всё. Вельчанинов помнил, что этот романс ему и самому когда-то удавался. Он почти усвоил манеру пения Глинки; но теперь с первого же звука, с первого стиха и настоящее вдохновение зажглось в его душе и дрогнуло в голосе. С каждым словом романса всё сильнее и смелее прорывалось и обнажалось чувство, в последних стихах послышались крики страсти, и когда он допел, сверкающим взглядом обращаясь к Наде, последние слова романса:

Теперь я смелее гляжу тебе в очи,
Уста приближаю и слушать нет мочи,
Хочу целовать, целовать, целовать!
Хочу целовать, целовать, целовать!

- то Надя вздрогнула почти от испуга, даже капельку отшатнулась назад; румянец залил ее щеки, и в то же мгновение как бы что-то отзывчивое промелькнуло Вельчанинову в застыдившемся и почти оробевшем ее личике. Очарование, а в то же время и недоумение проглядывали и на лицах всех слушательниц; всем как бы казалось, что невозможно и стыдно так петь, а в то же время все эти личики и глазки горели и сверкали и как будто ждали и еще чего-то. Особенно между этими лицами промелькнуло перед Вельчаниновым лицо Катерины Федосеевны, сделавшееся чуть не прекрасным.

- Ну романс! - пробормотал несколько опешенный старик Захлебинин.- Но... не слишком ли сильно? Приятно, но сильно...

- Сильно...- отозвалась было и m-me Захлебинина, но Павел Павлович ей не дал докончить: он вдруг выскочил вперед и, как помешанный, забывшись до того, что сам своей рукой схватил за руку Надю и отвел ее от Вельчанинова, подскочил к нему и потерянно смотрел на него, шевеля трясущимися губами.

- На одну минутку-с,- едва выговорил он наконец.

Вельчанинов ясно видел, что еще минута, и этот господин может решиться на что-нибудь в десять раз еще нелепее; он взял его поскорее за руку и, не обращая внимания на всеобщее недоумение, вывел на балкон и даже сошел с ним несколько шагов в сад, в котором уже почти совсем стемнело.

- Понимаете ли, что вы должны сейчас же, сию же минуту со мною уехать! - проговорил Павел Павлович.

- Нет, не понимаю...

- Помните ли,- продолжал Павел Павлович своим исступленным шепотом,- помните, как вы потребовали от меня тогда, чтобы я сказал вам всё, всё-с, откровенно-с, "самое последнее слово...", помните ли-с? Ну, так пришло время сказать это слово-с... поедемте-с!

Вельчанинов подумал, взглянул еще раз на Павла Павловича и согласился уехать.

Внезапно возвещенный их отъезд взволновал родителей и возмутил всех девиц ужасно.

- Хотя бы по другой чашке чаю...- жалобно простонала m-me Захлебинина.

- Ну уж ты, чего взволновался? - с строгим и недовольным тоном обратился старик к ухмылявшемуся и отмалчивавшемуся Павлу Павловичу.

- Павел Павлович, зачем вы увозите Алексея Ивановича? - жалобно заворковали девицы, в то же время ожесточенно на него посматривая. Надя же так злобно на него поглядела, что он весь покривился, но - не сдался.

- А ведь и в самом деле Павел Павлович - спасибо ему - напомнил мне о чрезвычайно важном деле, которое я мог упустить,- смеялся

86

Вельчанинов, пожимая руку хозяину, откланиваясь хозяйке и девицам и как бы особенно перед всеми ими Катерине Федосеевне, что было опять всеми замечено.

- Мы вам благодарны за посещение и вам всегда рады, все,- веско заключил Захлебинин.

- Ах, мы так рады...- с чувством подхватила мать семейства.

- Приезжайте, Алексей Иванович! приезжайте! - слышались многочисленные голоса с балкона, когда он уже уселся с Павлом Павловичем в коляску; чуть ли не было одного голоска, проговорившего потише других: "Приезжайте, милый, милый Алексей Иванович!"

"Это рыженькая!" - подумал Вельчанинов.

XIII

НА ЧЬЕМ КРАЮ БОЛЬШЕ

Он мог подумать о рыженькой, а между тем досада и раскаяние давно уже томили его душу. Да и во весь этот день, казалось бы так забавно проведенный,- тоска почти не оставляла его. Перед тем как петь романс, он уже не знал, куда от нее деваться; может, оттого и пропел с таким увлечением.

"И я мог так унизиться... оторваться от всего!" - начал было он упрекать себя, но поспешно прервал свои мысли. Да и унизительно показалось ему плакаться; гораздо приятнее было на кого-нибудь поскорей рассердиться.

- Дур-рак! - злобно прошептал он, накосившись на сидевшего с ним рядом в коляске и примолкшего Павла Павловича.

Павел Павлович упорно молчал, может быть сосредоточиваясь и приготовляясь. С нетерпеливым жестом снимал он иногда с себя шляпу и вытирал себе лоб платком.

- Потеет! - злобился Вельчанинов.

Однажды только Павел Павлович отнесся с вопросом к кучеру: "Будет гроза или нет?"

- И-и какая! Непременно будет; весь день парило.- Действительно, небо темнело и вспыхивали отдаленные молнии. В город въехали уже в половине одиннадцатого.

- Я ведь к вам-с,- предупредительно обратился Павел Павлович к Вельчанинову уже неподалеку от дома.

- Понимаю; но я вас уведомляю, что чувствую себя серьезно нездоровым...

- Не засижусь, не засижусь!

Когда стали входить в ворота, Павел Павлович забежал на минутку в дворницкую к Мавре.

- Чего вы туда забегали? - строго спросил Вельчанинов, когда тот догнал его и вошли в комнаты.

- Ничего-с, так-с... извозчик-с...

- Я вам пить не дам!

Ответа не последовало. Вельчанинов зажег свечи, а Павел Павлович тотчас же уселся в кресло. Вельчанинов нахмуренно остановился перед ним.

- Я вам тоже обещал сказать и мое "последнее" слово,- начал он с внутренним, еще подавляемым раздражением,- вот оно, это слово: считаю по совести, что все дела между нами обоюдно покончены, так что нам не об чем даже и говорить; слышите - не об чем; а потому не лучше ли вам сейчас уйти, а я за вами дверь запру.

- Поквитаемтесь, Алексей Иванович! - проговорил Павел Павлович, но как-то особенно кротко смотря ему в глаза.

- По-кви-таемтесь? - удивился ужасно Вельчанинов.- Странное слово вы выговорили! В чем же "поквитаемтесь"? Ба! Да это уж не то ли ваше "последнее слово", которое вы мне давеча обещали... открыть?

- Оно самое-с.

- Не в чем нам более сквитываться, мы - давно сквитались! - гордо произнес Вельчанинов.

- Неужели вы так думаете-с? - проникнутым голосом проговорил Павел Павлович, как-то странно сложив перед собою руки, пальцы в пальцы, и держа их перед грудью. Вельчанинов не ответил ему и пошел шагать по комнате. "Лиза? Лиза?" - стонало в его сердце.

- А впрочем, чем же вы хотели сквитаться? - нахмуренно обратился он к нему после довольно продолжительного молчания. Тот всё это время провожал его по комнате глазами, держа перед собою по-прежнему сложенные руки.

- Не ездите туда более-с,- почти прошептал он умоляющим голосом и вдруг встал со стула.

- Как? Так вы только про это? - Вельчанинов злобно рассмеялся.- Однако ж дивили вы меня целый день сегодня! - начал было он ядовито, но вдруг всё лицо его изменилось: - Слушайте меня,- грустно и с глубоким откровенным чувством проговорил он,- я считаю, что никогда и

88

ничем я не унижал себя так, как сегодня,- во-первых, согласившись ехать с вами, и потом - тем, что было там... Это было так мелочно, так жалко... я опоганил и оподлил себя, связавшись... и позабыв... Ну да что! - спохватился он вдруг,- слушайте: вы напали на меня сегодня невзначай, на раздраженного и больного... ну да нечего оправдываться! Туда я более не поеду и уверяю вас, что не имею никаких там интересов,- заключил он решительно.

- Неужели, неужели? - не скрывая своего радостного волнения, вскричал Павел Павлович. Вельчанинов с презрением посмотрел, на него и опять пошел расхаживать по комнате.

- Вы, кажется, во что бы то ни стало решились быть счастливым? - не утерпел он наконец не заметить.

- Да-с,- тихо и наивно подтвердил Павел Павлович. "Что мне в том,- думал Вельчанинов,- что он шут и зол только по глупости? Я его все-таки не могу не ненавидеть,- хотя бы он и не стоил того!"

- Я "вечный муж-с"! - проговорил Павел Павлович с приниженно-покорною усмешкой над самим собой.- Я это словечко давно уже знал от вас, Алексей Иванович, еще когда вы жили с нами там-с. Я много ваших слов тогда запомнил, в тот год. В прошлый раз, когда вы сказали здесь "вечный муж", я и сообразил-с.

Мавра вошла с бутылкой шампанского и с двумя стаканами.

- Простите, Алексей Иванович, вы знаете, что без этого я не могу-с. Не сочтите за дерзость; посмотрите как на постороннего и вас не стоящего-с...

- Да...- с отвращением позволил Вельчанинов,- но уверяю вас, что я чувствую себя нездоровым...

- Скоро, скоро, сейчас, в одну минуту! - захлопотал Павел Павлович.- Всего один только стаканчик, потому что горло...

Он с жадностью и залпом выпил стакан и сел,- чуть не с нежностью посматривая на Вельчанинова. Мавра ушла.

- Экая мерзость! - шептал Вельчанинов.

- Это только подружки-с,- бодро проговорил вдруг Павел Павлович, совершенно оживившись.

- Как! Что? Ах да, вы всё про то...

- Только подружки-с! И притом так еще молодо; из грациозности куражимся, вот-с! Даже прелестно. А там - там вы знаете: рабом ее стану; увидит почет, общество... совершенно перевоспитается-с.

"Однако ж ему надо браслет отдать!" - нахмурился Вельчанинов, ощупывая футляр в кармане своего пальто.

- Вы вот говорите-с, что вот я решился быть счастливым? Мне надо жениться, Алексей Иванович,- конфиденциально и почти трогательно продолжал Павел Павлович,- иначе что же из меня выйдет? Сами видите-с! - указал он на бутылку.- А это лишь одна сотая - качеств-с. Я совсем не могу без женитьбы-с и - без новой веры-с; уверую и воскресну-с.

- Да мне-то для чего вы это сообщаете? - чуть не фыркнул со смеха Вельчанинов. Дико, впрочем, всё это казалось ему.

- Да скажите же мне наконец,- вскричал он,- для чего вы меня туда таскали? Я-то на что вам там надобился?

- Чтобы испытать-с...- как-то вдруг смутился Павел Павлович.

- Что испытать?

- Эффект-с... Я, вот видите ли, Алексей Иванович, всего только неделю как... там ищу-с (он конфузился всё более и более). Вчера встретил вас и подумал: "Я ведь никогда еще ее не видал в постороннем, так сказать, обществе-с, то есть мужском-с, кроме моего-с..." Глупая мысль-с, сам теперь чувствую; излишняя-с. Слишком уж захотелось-с, от скверного моего характера-с...- Он вдруг поднял голову и покраснел.

"Неужели он всю правду говорит?" - дивился Вельчанинов до столбняка.

- Ну и что ж? - спросил он.

Павел Павлович сладко и как-то хитро улыбнулся.

- Одно лишь прелестное детство-с! Всё подружки-с! Простите меня только за мое глупое поведение сегодня перед вами, Алексей Иванович; никогда не буду-с; да и более никогда этого не будет.

- Да и меня там не будет,- усмехнулся Вельчанинов.

- Я отчасти на этот счет и говорю-с.

Вельчанинов немножко покоробился.

- Однако ж ведь не один я на свете,- раздражительно заметил он.

Павел Павлович опять покраснел.

- Мне это грустно слышать, Алексей Иванович, и я так, поверьте, уважаю Надежду Федосеевну...

- Извините, извините, я ничего не хотел,- мне вот только странно немного, что вы так преувеличенно оценили мои средства...- и... так искренно на меня понадеялись...

- Именно потому и понадеялся-с, что это было после всего-с... что уже было-с.

- Стало быть, вы и теперь считаете меня, коли так, за благороднейшего человека? - остановился вдруг Вельчанинов. Он бы сам в другую минуту ужаснулся наивности своего внезапного вопроса.

- Всегда и считал-с,- опустил глаза Павел Павлович.

- Ну да, разумеется... я не про то, то есть не в том смысле,- я хотел только сказать, что, несмотря ни на какие... предубеждения...

- Да-с, несмотря и на предубеждения-с.

- А когда в Петербург ехали? - не мог уже сдержаться Вельчанинов, сам чувствуя всю чудовищность своего любопытства.

- И когда в Петербург ехал, за наиблагороднейшего человека считал вас-с. Я всегда уважал вас, Алексей Иванович,- Павел Павлович поднял глаза и ясно, уже нисколько не конфузясь, глядел на своего противника. Вельчанинов вдруг струсил: ему решительно не хотелось, чтобы что-нибудь случилось или чтобы что-нибудь перешло за черту, тем более что сам вызвал.

- Я вас любил, Алексей Иванович,- произнес Павел Павлович, как бы вдруг решившись,- и весь тот год в Т. любил-с. Вы не заметили-с,- продолжал он немного вздрагивавшим голосом, к решительному ужасу Вельчанинова,- я стоял слишком мелко в сравнении с вами-с, чтобы дать вам заметить. Да и не нужно, может быть, было-с. И во все эти девять лет я об вас запомнил-с, потому что я такого года не знал в моей жизни, как тот. (Глаза Павла Павловича как-то особенно заблистали). Я многие ваши слова и изречения запомнил-с, ваши мысли-с. Я об вас как об пылком к доброму чувству и образованном человеке всегда вспоминал-с, высокообразованном-с и с мыслями-с. "Великие мысли происходят не столько от великого ума, сколько от великого чувства-с" - вы сами это сказали, может, забыли, а я запомнил-с. Я на вас всегда как на человека с великим чувством, стало быть, и рассчитывал-с... а стало быть, и верил-с - несмотря ни на что-с.- Подбородок его вдруг затрясся. Вельчанинов был в совершенном испуге; этот неожиданный тон надо было прекратить во что бы ни стало.

- Довольно, пожалуйста, Павел Павлович,- пробормотал он, краснея и в раздраженном нетерпении,- и зачем, зачем,- вскричал он вдруг,- зачем привязываетесь вы к больному, раздраженному человеку, чуть не в бреду человеку, и тащите его в эту тьму... тогда как - всё призрак, и мираж, и ложь, и стыд, и неестественность, и - не в меру,- а это главное, это всего стыднее, что не в меру! И всё вздор: оба мы порочные, подпольные, гадкие люди... И хотите, хотите, я сейчас докажу вам, что вы меня не только не любите, а ненавидите, изо всех сил, и что вы лжете, сами не зная того: вы взяли меня и повезли туда вовсе не для смешной этой цели, чтобы невесту испытать (придет же в голову!),- а просто увидели меня вчера и озлились и повезли меня, чтобы мне показать и сказать: "Видишь какая! Моя будет; ну-ка попробуй тут теперь!" Вы вызов мне сделали! Вы, может быть, сами не знали, а это было так, потому что вы всё это чувствовали... А без ненависти такого вызова сделать нельзя; стало быть, вы меня ненавидели! - Он бегал по комнате, выкрикивая это, и всего более мучило и обижало его унизительное сознание, что он сам до такой степени снисходит до Павла Павловича.

- Я помириться с вами желал, Алексей Иванович! - вдруг

решительно произнес тот скорым шепотом, и подбородок его снова запрыгал. Неистовая ярость овладела Вельчаниновым, как будто никогда и никто еще не наносил ему подобной обиды!

- Говорю же вам еще раз,- завопил он,- что вы на больного и раздраженного человека... повисли, чтобы вырвать у него какое-нибудь несбыточное слово, в бреду! Мы... да мы люди разных миров, поймите же это, и... и... между нами одна могила легла! - неистово прошептал он - и вдруг опомнился.

- А почем вы знаете,- исказилось вдруг и побледнело лицо Павла Павловича,- почем вы знаете, что значит эта могилка здесь... у меня-с! - вскричал он, подступая к Вельчанинову и с смешным, но ужасным жестом ударяя себя кулаком в сердце.- Я знаю эту здешнюю могилку-с, и мы оба по краям этой могилы стоим, только на моем краю больше, чем на вашем, больше-с...- шептал он как в бреду, всё продолжая себя бить в сердце,- больше-с, больше-с - больше-с...- Вдруг необыкновенный удар в дверной колокольчик заставил очнуться обоих. Позвонили так сильно, что, казалось, кто-то дал себе слово сорвать с первого удара звонок.

- Ко мне так не звонят,- в замешательстве проговорил Вельчанинов.

- Да ведь и не ко мне же-с,- робко прошептал Павел Павлович, тоже очнувшийся и мигом обратившийся в прежнего Павла Павловича. Вельчанинов нахмурился и пошел отворить дверь.

- Господин Вельчанинов, если не ошибаюсь? - послышался молодой, звонкий и необыкновенно самоуверенный голос из передней.

- Чего вам?

- Я имею точное сведение,- продолжал звонкий голос,- что некто Трусоцкий находится в настоящую мину ту у вас. Я должен непременно его сейчас видеть.- Вельчанинову, конечно, было бы приятно - сейчас же выпихнуть хорошим пинком этого самоуверенного господина на лестницу. Но он подумал, посторонился и пропустил его.

- Вот господин Трусоцкий, войдите...

XIV

САШЕНЬКА И НАДЕНЬКА

В комнату вошел очень молодой человек, лет девятнадцати, даже, может быть, и несколько менее,- так уж моложаво казалось его красивое, самоуверенно вздернутое лицо. Он был недурно одет, по крайней мере всё на нем хорошо сидело; ростом повыше среднего; черные, густые, разбитые космами волосы и большие, смелые, темные глаза - особенно выдавались в его физиономии. Только нос был немного широк и вздернут кверху; не будь этого, был бы совсем красавчик. Вошел он важно.

- Я, кажется, имею - случай - говорить с господином Трусоцким,- произнес он размеренно и с особенным удовольствием отмечая слово "случай", то есть тем давая знать, что никакой чести и никакого удовольствия в разговоре с господином Трусоцким для него быть не может.

Вельчанинов начинал понимать; кажется, и Павлу Павловичу что-то уже мерещилось. В лице его выразилось беспокойство; он, впрочем, себя поддержал.

- Не имея чести вас знать,- осанисто отвечал он,- полагаю, что не могу иметь с вами и никакого дела-с.

- Вы сперва выслушаете, а потом уже скажете ваше мнение,- самоуверенно и назидательно произнес молодой человек и, вынув черепаховый лорнет, висевший у него на шнурке, стал разглядывать в него бутылку шампанского, стоявшую на столе. Спокойно кончив осмотр бутылки, он сложил лорнет и, обращаясь снова к Павлу Павловичу, произнес:

- Александр Лобов.

- А что такое это Александр Лобов-с?

- Это я. Не слыхали?

- Нет-с.

- Впрочем, где же вам знать. Я с важным делом, собственно до вас касающимся; позвольте, однако ж, сесть, я устал...

- Садитесь,- пригласил Вельчанинов,- но молодой человек успел усесться еще и до приглашения. Несмотря на возраставшую боль в груди, Вельчанинов интересовался этим маленьким нахалом. В хорошеньком, детском и румяном его личике померещилось ему какое-то отдаленное сходство с Надей.

- Садитесь и вы,- предложил юноша Павлу Павловичу, указывая ему небрежным кивком головы место напротив.

- Ничего-с, постою.

- Устанете. Вы, господин Вельчанинов, можете, пожалуй, и не уходить.

- Мне и некуда уходить, я у себя.

- Как хотите. Я, признаюсь, даже желаю, чтобы вы присутствовали при моем объяснении с этим господином. Надежда Федосеевна довольно лестно вас мне отрекомендовала.

- Ба! Когда это она успела?

- Да сейчас после вас же, я ведь тоже оттуда. Вот что, господин Трусоцкий,- повернулся он к стоявшему Павлу Павловичу,- мы, то есть я и Надежда Федосеевна,- цедил он сквозь зубы, небрежно разваливаясь в креслах,- давно уже любим друг друга и дали друг другу слово. Вы теперь между нами помеха; я пришел вам предложить, чтобы вы очистили место. Угодно вам будет согласиться на мое предложение?

Павел Павлович даже покачнулся; он побледнел, но ехидная улыбка тотчас же выдавилась на его губах.

- Нет-с, нимало не угодно-с,- отрезал он лаконически.

- Вот как! - повернулся в креслах юноша, заломив нога за ногу.

- Даже не знаю, с кем и говорю-с,- прибавил Павел Павлович,- думаю даже, что не о чем нам и продолжать.

Высказав это, он тоже нашел нужным присесть.

- Я сказал, что устанете,- небрежно заметил юноша,- я имел сейчас случай известить вас, что мое имя Лобов и что я и Надежда Федосеевна, мы дали друг другу слово,- следовательно, вы не можете говорить, как сейчас сказали, что не знаете, с кем имеете дело; и не можете тоже думать, что нам не о чем с вами продолжать разговор: не говоря уже обо мне,- дело касается Надежды Федосеевны, к которой вы так нагло пристаете. А уж одно это составляет достаточную причину для объяснений.

Всё это он процедил сквозь зубы, как фат, чуть-чуть даже удостоивая выговаривать слова; даже опять вынул лорнет и на минутку на что-то направил его, пока говорил.

- Позвольте, молодой человек...- раздражительно воскликнул было Павел Павлович, но "молодой человек" тотчас же осадил его.

- Во всякое другое время я, конечно бы, запретил вам называть меня "молодым человеком", но теперь, сами согласитесь, что моя молодость есть мое главное перед вами преимущество и что вам и очень бы хотелось, например, сегодня, когда вы дарили ваш браслет, быть при этом хоть капельку помоложе.

- Ах ты пескарь! - прошептал Вельчанинов.

- Во всяком случае, милостивый государь,- с достоинством поправился Павел Павлович,- я все-таки не нахожу выставленных вами причин,- причин неприличных и весьма сомнительных,- достаточными, чтобы продолжать об них прение-с. Вижу, что всё это дело детское и пустое; завтра же справлюсь у почтеннейшего Федосея Семеновича, а теперь прошу вас уволить-с.

- Видите ли вы склад этого человека! - вскричал тотчас же, не выдержав тона, юноша, горячо обращаясь к Вельчанинову.- Мало того, что его оттуда гонят, выставляя ему язык,- он еще хочет завтра на нас доносить старику! Не доказываете ли вы этим, упрямый человек, что вы хотите взять девушку насильно, покупаете ее у выживших из ума людей, которые вследствие общественного варварства сохраняют над нею власть? Ведь уж достаточно, кажется, она показала вам, что вас презирает; ведь вам возвратили же ваш сегодняшний неприличный подарок, ваш браслет? Чего же вам больше?

- Никакого браслета никто мне не возвращал, да и не может этого быть,- вздрогнул Павел Павлович.

- Как не может? Разве господин Вельчанинов вам не передал?

"Ах, черт бы тебя взял!" - подумал Вельчанинов.

- Мне действительно,- проговорил он хмурясь,- Надежда Федосеевна поручила давеча передать вам, Павел Павлович, этот футляр. Я не брал, но она - просила... вот он... мне досадно...

Он вынул футляр и положил его в смущении перед оцепеневшим Павлом Павловичем.

- Почему же вы до сих пор не передали? - строго обратился молодой человек к Вельчанинову.

- Не успел, стало быть,- нахмурился тот.

- Это странно.

- Что-о-о?

- Уж по крайней мере странно, согласитесь сами. Впрочем, я согласен признать, что тут - недоразумение.

Вельчанинову ужасно захотелось сейчас же встать и выдрать мальчишку за уши, но он не мог удержаться и вдруг фыркнул на него от смеха; мальчик тотчас же и сам засмеялся. Не то было с Павлом Павловичем; если бы Вельчанинов мог заметить его ужасный взгляд на себе, когда он расхохотался над Лобовым,- то он понял бы, что этот человек в это мгновение переходит за одну роковую черту... Но Вельчанинов, хотя взгляда и не видал, но понял, что надо поддержать Павла Павловича.

- Послушайте, господин Лобов,- начал он дружественным тоном,- не входя в рассуждение о прочих причинах, которых я не хочу касаться, я бы заметил вам только то, что Павел Павлович все-таки приносит с собою, сватаясь к Надежде Федосеевне,- во-первых, полную о себе известность в этом почтенном семействе; во-вторых, от личное и почтенное свое положение; наконец, состояние, а следовательно, он естественно должен удивляться, смотря на такого соперника, как вы,- человека, может быть, и с большими достоинствами, но до того уже молодого, что вас он никак не может принять за соперника серьезного... а потому и прав, прося вас окончить.

- Что это такое значит "до того молодого"? Мне уж месяц, как минуло девятнадцать лет. По закону я давно могу жениться. Вот вам и всё.

- Но какой же отец решится отдать за вас свою дочь теперь - будь вы хоть размиллионер в будущем или там какой-нибудь будущий благодетель человечества? Человек девятнадцати лет даже и за себя самого - отвечать не может, а вы решаетесь еще брать на совесть чужую будущность, то есть будущность такого же ребенка, как вы! Ведь это не совсем тоже благородно, как вы думаете? Я позволил себе высказать потому, что вы сами давеча обратились ко мне как к посреднику между вами и Павлом Павловичем.

- Ах да, кстати, ведь его зовут Павлом Павловичем! - заметил юноша.- Как же это мне всё мерещилось, что Васильем Петровичем? Вот что-с,- оборотился он к Вельчанинову,- вы меня не удивили нисколько; я знал, что вы все такие! Странно, однако ж, что об вас мне говорили как об человеке даже несколько новом. Впрочем, это всё пустяки, а дело в том, что тут не только нет ничего неблагородного с моей стороны, как вы позволили себе выразиться, но даже совершенно напротив, что и надеюсь вам растолковать: мы, во-первых, дали друг другу слово, и, кроме того, я прямо ей обещался, при двух свидетелях, в том, что если она когда полюбит другого или просто раскается, что за меня вышла, и захочет со мной развестись, то я тотчас же выдаю ей акт в моем прелюбодеянии,- и тем поддержу, стало быть, где следует, ее просьбу о разводе. Мало того: в случае, если бы я впоследствии захотел на попятный двор и отказался бы выдать этот акт, то, для ее обеспечения, в самый день нашей свадьбы, я выдам ей вексель в сто тысяч рублей на себя, так что в случае моего упорства насчет выдачи акта она сейчас же может передать мой вексель - и меня под сюркуп! Таким образом всё обеспечено, и ничьей будущностью я не рискую. Ну-с, это, во-первых.

- Бьюсь об заклад, что это тот - как его - Предпосылов вам выдумал? - вскричал Вельчанинов.

- Хи-хи-хи! - ядовито захихикал Павел Павлович.

- Чего этот господин хихикает? Вы угадали,- это мысль Предпосылова; и согласитесь, что хитро. Нелепый закон совершенно парализован. Разумеется, я намерен любить ее всегда, а она ужасно хохочет,- но ведь все-таки ловко, и согласитесь, что уж благородно, что этак не всякий решится сделать?

- По-моему, не только не благородно, но даже гадко.

Молодой человек вскинул плечами.

- Опять-таки вы меня не удивляете,- заметил он после некоторого молчания,- всё это слишком давно перестало меня удивлять. Предпосылов, так тот прямо бы вам отрезал, что подобное ваше непонимание вещей самых естественных происходит от извращения самых обыкновенных чувств и понятий ваших - во-первых, долгою нелепою жизнию, а во-вторых, долгою праздностью. Впрочем, мы, может быть, еще не понимаем друг друга; мне все-таки об вас говорили хорошо... Лет пятьдесят вам, однако, уже есть?

- Перейдите, пожалуйста, к делу.

- Извините за нескромность и не досадуйте; я без намерения. Продолжаю: я вовсе не будущий размиллионер, как вы изволили выразиться (и что у вас за идея была!). Я весь тут, как видите, но зато в будущности моей я совершенно уверен. Героем и благодетелем ничьим не буду, а себя и жену обеспечу. Конечно, у меня теперь ничего нет, я даже воспитывался в их доме, с самого детства...

- Как так?

- А так, что я сын одного отдаленного родственника жены этого Захлебинина, и когда все мои померли и оставили меня восьми лет, то старик меня взял к себе и потом отдал в гимназию. Этот человек даже добрый, если хотите знать...

- Я это знаю-с...

- Да; но слишком уж древняя голова. Впрочем, добрый. Теперь, конечно, я давно уже вышел из-под его опеки, желая сам заработывать жизнь и быть одному себе обязанным.

- А когда вы вышли? - полюбопытствовал Вельчанинов.

- Да уж месяца с четыре будет.

- А, ну так это всё теперь и понятно: друзья с детства! Что же, вы место имеете?

- Да, частное, в конторе одного нотариуса, на двадцати пяти в месяц. Конечно, только покамест, но когда я делал там предложение, то и того не имел. Я тогда служил на железной дороге, на десяти рублях, но всё это только покамест.

- А разве вы делали и предложение?

- Формальное предложение, и давно уже, недели с три.

- Ну и что ж?

- Старик очень рассмеялся, а потом очень рассердился, а ее так заперли наверху в антресолях. Но Надя геройски выдержала. Впрочем, вся неудача была оттого, что он еще прежде на меня зуб точил за то, что я в департаменте место бросил, куда он меня определил четыре месяца назад, еще до железной дороги. Он старик славный, я опять повторю, дома простой и веселый, но чуть в департаменте, вы и представить не можете! Это Юпитер какой-то сидит! Я, естественно, дал ему знать, что его манеры мне перестают нравиться, но тут главное всё вышло из-за помощника столоначальника: этот господин вздумал нажаловаться, что я будто бы ему "нагрубил", а я ему всего только и сказал, что он неразвит. Я бросил их всех и теперь у нотариуса.

- А в департаменте много получали?

- Э, сверхштатным! Старик же и давал на содержание,- я говорю вам, он добрый; но мы все-таки не уступим. Конечно, двадцать пять рублей не обеспечение, но я вскорости надеюсь принять участие в управлении рас строенными имениями графа Завилейского, тогда прямо на три тысячи; не то в присяжные поверенные. Нынче людей ищут... Ба! какой гром, гроза будет, хорошо, что я до грозы успел; я ведь пешком оттуда, почти всё бежал.

- Но позвольте, когда же вы успели, коли так, пере говорить с Надеждой Федосеевной,- если к тому же вас и не принимают?

- Ах, да ведь через забор можно! рыженькую-то заметили давеча? - засмеялся он.- Ну вот и она тут хлопочет и Марья Никитишна; только змея эта Марья Никитишна!.. чего морщитесь? Не боитесь ли грому?

- Нет, я нездоров, очень нездоров...- Вельчанинов действительно, мучаясь от своей внезапной боли в груди, привстал с кресла и попробовал походить по комнате.

- Ах, так я вам, разумеется, мешаю,- не беспокойтесь, сейчас! - и юноша вскочил с места.

- Не мешаете, ничего,- поделикатничал Вельчанинов.

- Какое ничего, когда "у Кобыльникова живот болит",- помните у Щедрина? Вы любите Щедрина?

- Да...

- И я тоже. Ну-с, Василий... ах да, бишь, Павел Павлович, кончимте-с! - почти смеясь, обратился он к Павлу Павловичу.- Формулирую для вашего понимания еще раз вопрос: согласны ли вы завтра же отказаться официально перед стариками и в моем присутствии от всяких претензий ваших насчет Надежды Федосеевны?

- Не согласен нимало-с,- с нетерпеливым и ожесточенным видом поднялся и Павел Павлович,- и к тому же еще раз прошу меня избавить-с... потому что всё это детство и глупости-с.

- Смотрите! - погрозил ему пальцем юноша с высокомерной улыбкой,- не ошибитесь в расчете! Знаете ли, к чему ведет подобная ошибка в расчете? А я так предупреждаю вас, что через девять месяцев, когда вы уже там израсходуетесь, измучаетесь и сюда воротитесь,- вы здесь сами от Надежды Федосеевны принуждены будете отказаться, а не откажетесь,- так вам же хуже будет; вот до чего вы дело доведете! Я вас должен предуведомить, что вы теперь как собака на сене,- извините, это только сравнение,- ни себе, ни другим. По гуманности повторяю: размыслите, принудьте себя хоть раз в жизни основательно размыслить.

- Прошу вас избавить меня от морали,- яростно вскричал Павел Павлович,- а насчет ваших скверных намеков я завтра же приму свои меры-с, строгие меры-с!

- Скверных намеков? Да вы про что ж это? Сами вы скверный, если это у вас в голове. Впрочем, я согласен подождать до завтра, но если... Ах, опять этот гром! До свиданья, очень рад знакомству,- кивнул он Вельчанинову и побежал, видимо спеша предупредить грозу и не попасть под дождь.

XV

СКВИТАЛИСЬ

- Видели-с? видели-с? - подскочил Павел Павлович к Вельчанинову, едва только вышел юноша.

- Да, не везет вам! - невзначай проговорился Вельчанинов. Он бы не сказал этих слов, если б не мучила и не злила его так эта возраставшая боль в груди. Павел Павлович вздрогнул, как от обжога.

- Ну-с, а вы-с - знать меня жалеючи браслета не возвращали - хе?

- Я не успел...

- От сердца жалеючи, как истинный друг истинного друга?

- Ну да, жалел,- озлобился Вельчанинов.

Он, однако же, рассказал ему вкратце о том, как получил давеча браслет обратно и как Надежда Федосеевна почти насильно заставила его принять участие...

- Понимаете, что я ни за что бы не взял; столько и без того неприятностей!

- Увлеклись и взялись! - прохихикал Павел Павлович.

- Глупо это с вашей стороны; впрочем, вас извинить надо. Сами ведь видели сейчас, что не я в деле главный, а другие!

- Все-таки увлеклись-с.

Павел Павлович сел и налил свой стакан.

- Вы полагаете, что я мальчишке-то уступлю-с? В бараний рог согну, вот что-с! Завтра же поеду и всё согну. Мы душок этот выкурим, из детской-то-с...

Он выпил почти залпом стакан и налил еще; вообще стал действовать с необычной до сих пор развязностью.

- Ишь, Наденька с Сашенькой, милые деточки,- хи-хи-хи!

Он не помнил себя от злобы. Раздался опять сильнейший удар грома; ослепительно сверкнула молния, и дождь пролился как из ведра. Павел Павлович встал и запер отворенное окно.

- Давеча он вас спрашивает: "Не боитесь ли грому" - хи-хи! Вельчанинов грому боится! У Кобыльникова - как это - у Кобыльникова... А про пятьдесят-то лет - а? Помните-с? - ехидничал Павел Павлович.

116

- Вы, однако же, здесь расположились,- заметил Вельчанинов, едва выговаривая от боли слова,- я лягу... вы как хотите.

- Да и собаку в такую погоду не выгонят! - обидчиво подхватил Павел Павлович, впрочем почти радуясь, что имеет право обидеться.

- Ну да, сидите, пейте... хоть ночуйте! - промямлил Вельчанинов, протянулся на диване и слегка застонал.

- Ночевать-с? А вы - не побоитесь-с?

- Чего? - приподнял вдруг голову Вельчанинов.

- Ничего-с, так-с. В прошлый раз вы как бы испугались-с, али мне только померещилось...

- Вы глупы! - не выдержал Вельчанинов и злобно повернулся к стене.

- Ничего-с,- отозвался Павел Павлович.

Больной как-то вдруг заснул, через минуту как лег.

Всё неестественное напряжение его в этот день, и без того уже при сильном расстройстве здоровья за последнее время, как-то вдруг порвалось, и он обессилел, как ребенок. Но боль взяла-таки свое и победила усталость и сон; через час он проснулся и с страданием приподнялся с дивана. Гроза утихла; в комнате было накурено, бутылка стояла пустая, а Павел Павлович спал на другом диване. Он лежал навзничь, головой на диванной подушке, совсем не раздетый и в сапогах. Его давешний лорнет, выскользнув из кармана, тянулся на снурке чуть не до полу. Шляпа валялась подле, на полу же. Вельчанинов угрюмо поглядел на него и не стал будить. Скрючившись и шагая по комнате, потому что лежать сил уже не было, он стонал и раздумывал о своей боли.

Он боялся этой боли в груди, и не без причины. Припадки эти зародились в нем уже давно, но посещали его очень редко,- через год, через два. Он знал, что это от печени. Сначала как бы скоплялось в какой-нибудь точке груди, под ложечкой или выше, еще тупое, не сильное, но раздражающее вдавление. Непрестанно увеличиваясь в продолжение иногда десяти часов сряду, боль доходила наконец до такой силы,

100

давление становилось до того невыносимым, что больному начинала мерещиться смерть. В последний бывший с ним назад тому с год припадок, после десятичасовой и наконец унявшейся боли, он до того вдруг обессилел, что, лежа в постели, едва мог двигать рукой, и доктор позволил ему в целый день всего только несколько чайных ложек слабого чаю и щепоточку размоченного в бульоне хлеба, как грудному ребенку. Появлялась эта боль от разных случайностей, но всегда при расстроенных уже прежде нервах. Странно тоже и проходила; иногда случалось захватывать ее в самом начале, в первые полчаса, простыми припарками, и всё проходило разом; иногда же, как в последний припадок, ничто не помогало, и боль унялась от многочисленных и постепенных приемов рвотного. Доктор признался потом, что был уверен в отраве. Теперь до утра еще было далеко, за доктором ему не хотелось посылать ночью; да и не любил он докторов. Наконец он не выдержал и стал громко стонать. Стоны разбудили Павла Павловича: он приподнялся на диване и некоторое время сидел, прислушиваясь со страхом и в недоумении следя глазами за Вельчаниновым, чуть не бегавшим по обеим комнатам. Выпитая бутылка, видно тоже не по-всегдашнему, сильно на него подействовала, и долго он не мог сообразиться; наконец понял и бросился к Вельчанинову; тот что-то промямлил ему в ответ.

- Это у вас от печени-с, я это знаю! - оживился вдруг ужасно Павел Павлович,- это у Петра Кузьмича у Полосухина-с точно так же бывало, от печени-с. Это припарками бы-с. Петр Кузьмич всегда припарками... Умереть ведь можно-с! Сбегаю-ка я к Мавре,- а?

- Не надо, не надо,- раздражительно отмахивался Вельчанинов,- ничего не надо.

Но Павел Павлович, бог знает почему, был почти вне себя, как будто дело шло о спасении родного сына. Он не слушался и изо всех сил настаивал на необходимости припарок и, сверх того, двух-трех чашек слабого чаю, выпитых вдруг,- "но не просто горячих-с, а кипятку-с!" - Он побежал-таки к Мавре, не дождавшись позволения, вместе с нею разложил в кухне, всегда стоявшей пустою, огонь, вздул самовар; тем временем успел и уложить больного, снял с него верхнее платье, укутал в одеяло и всего в каких-нибудь двадцать минут состряпал и чай и первую припарку.

- Это гретые тарелки-с, раскаленные-с! - говорил он чуть не в восторге, накладывая разгоряченную и обернутую в салфетку тарелку на больную грудь Вельчанинова.- Других припарок нет-с, и доставать долго-с, а тарелки, честью клянусь вам-с, даже и всего лучше будут-с; испытано на Петре Кузьмиче-с, собственными глазами и руками-с. Умереть ведь можно-с. Пейте чай, глотайте,- нужды нет, что обожжетесь; жизнь дороже... щегольства-с...

Он затормошил совсем полусонную Мавру; тарелки переменялись каждые три-четыре минуты. После третьей тарелки и второй чашки чаю-кипятка, выпитого залпом, Вельчанинов вдруг почувствовал облегчение.

- А уж если раз пошатнули боль, то и слава богу-с, и добрый знак-с! - вскричал Павел Павлович и радостно побежал за новой тарелкой и за новым чаем.

- Только бы боль-то сломить! Боль-то бы нам только назад повернуть! - повторял он поминутно.

Через полчаса боль совсем ослабела, но больной был уже до того измучен, что, как ни умолял Павел Павлович,- не согласился выдержать "еще тарелочку-с". Глаза его смыкались от слабости.

- Спать, спать,- повторил он слабым голосом.

- И то! - согласился Павел Павлович.

- Вы ночуйте... который час?

- Скоро два, без четверти-с.

- Ночуйте.

- Ночую, ночую.

Через минуту больной опять кликнул Павла Павловича.

- Вы, вы,- пробормотал он, когда тот подбежал и наклонился над ним,- вы - лучше меня! Я понимаю всё, всё... благодарю.

- Спите, спите,- прошептал Павел Павлович и поскорей, на цыпочках, отправился к своему дивану.

Больной, засыпая, слышал еще, как Павел Павлович потихоньку стлал себе наскоро постель, снимал с себя платье и наконец, загасив свечи и чуть дыша, чтоб не зашуметь, протянулся на своем диване.

Без сомнения, Вельчанинов спал и заснул очень скоро после того, как потушили свечи; он ясно припомнил это потом. Но во всё время своего сна, до самой той минуты, когда он проснулся, он видел во сне, что он не спал и что будто бы никак не может заснуть, несмотря на всю свою слабость. Наконец, приснилось ему, что с ним будто бы начинается бред наяву и что он никак не может разогнать толпящихся около него видений, несмотря на полное сознание, что это один только бред, а не действительность. Видения всё были знакомые; комната его была будто бы вся наполнена людьми, а дверь в сени стояла отпертою; люди входили толпами и теснились на лестнице. За столом, выставленным на средину комнаты, сидел один человек - точь-в-точь как тогда, в приснившемся ему с месяц назад таком же сне. Как и тогда, этот человек сидел, облокотясь на стол, и не хотел говорить; но теперь он был в круглой шляпе с крепом. "Как? неужели это был и тогда Павел Павлович?" - подумал Вельчанинов,- но, заглянув в лицо молчавшего человека, он убедился, что этот кто-то совсем другой. "Зачем же у него креп?" - недоумевал Вельчанинов. Шум,

102

говор и крик людей, теснившихся у стола, были ужасны. Казалось, эти люди еще сильнее были озлоблены на Вельчанинова, чем тогда в том сне; они грозили ему руками и об чем-то изо всех сил кричали ему, но об чем именно - он никак не мог разобрать. "Да ведь это бред, ведь я знаю! - думалось ему,- я знаю, что я не мог заснуть и встал теперь, потому что не мог лежать от тоски!.." Но, однако же, крики, и люди, и жесты их, и всё - было так явственно, так действительно, что иногда его брало сомнение: "Неужели же это и в самом деле бред? Чего хотят от меня эти люди, боже мой! Но если б это был не бред, то возможно ли, чтоб такой крик не разбудил до сих пор Павла Павловича? ведь вот он спит же вот тут на диване?" Наконец, вдруг что-то случилось, опять как и тогда, в том сне; все устремились на лестницу и ужасно стеснились в дверях, потому что с лестницы валила в комнату новая толпа. Эти люди что-то с собой несли, что-то большое и тяжелое; слышно было, как тяжело отдавались шаги носильщиков по ступенькам лестницы и торопливо перекликались их запыхавшиеся голоса. В комнате все закричали: "Несут, несут!", все глаза засверкали и устремились на Вельчанинова; все, грозя и торжествуя, указывали ему на лестницу. Уже нисколько не сомневаясь более в том, что всё это не бред, а правда, он стал на цыпочки, чтоб разглядеть поскорее, через головы людей, что они такое несут? Сердце его билось - билось - билось, и вдруг - точь-в-точь, как тогда, в том сне,- раздались три сильнейшие удара в колокольчик. И опять-таки это был до того ясный, до того действительный до осязания звон, что, уж конечно, такой звон не мог присниться только во сне!.. Он закричал и проснулся.

Но он не бросился, как тогда, бежать к дверям. Какая мысль направила его первое движение и была ли у него в то мгновение хоть какая-нибудь мысль,- но как будто кто-то подсказал ему, что надо делать: он схватился с постели, бросился с простертыми вперед руками, как бы обороняясь и останавливая нападение, прямо в ту сторону, где спал Павел Павлович. Руки его разом столкнулись с другими, уже распростертыми над ним руками, и он крепко схватил их; кто-то, стало быть, уже стоял над ним, нагнувшись. Гардины были спущены, но было не совершенно темно, потому что из другой комнаты, в которой не было таких гардин, уже проходил слабый свет. Вдруг что-то ужасно больно обрезало ему ладонь и пальцы левой руки, и он мгновенно понял, что схватился за лезвие ножа или бритвы и крепко сжал его рукой... В тот же миг что-то веско и однозвучно шлепнулось на пол.

Вельчанинов был, может быть, втрое сильнее Павла Павловича, но борьба между ними продолжалась долго, минуты три полных. Он скоро пригнул его к полу и вывернул ему назад руки, но для чего-то ему непременно захотелось связать эти вывернутые назад руки. Он стал искать ощупью, правой рукой,- придерживая раненой левой убийцу,- шнура с оконной занавески и долго не мог найти, но наконец захватил и сорвал с окна. Сам он удивлялся потом неестественной силе, которая для того потребовалась. Во все эти три минуты ни тот, ни другой не проговорили ни слова; только слышно было их тяжелое дыхание и глухие звуки борьбы. Наконец, скрутив и связав Павлу Павловичу руки назад, Вельчанинов бросил его на полу, встал, отдернул с окна занавеску и приподнял стору. На уединенной улице было уже светло. Отворив окно, он простоял несколько мгновений, глубоко вдыхая воздух. Был уже пятый час в начале. Затворив окно, он неторопливо пошел к шкафу, достал чистое полотенце и туго-натуго обвил им свою левую руку, чтоб унять текущую из нее кровь. Под ноги ему попалась развернутая бритва, лежавшая на ковре; он поднял ее, свернул, уложил в бритвенный ящик, забытый с утра на маленьком столике, подле самого дивана, на котором спал Павел Павлович, и запер ящик в бюро на ключ. И уже исполнив всё это, он подошел к Павлу Павловичу и стал его рассматривать.

Тем временем тот успел уже привстать с усилием с ковра и усесться в кресло. Он был не одет, в одном белье, даже без сапог. Рубашка его на спине и на рукавах была смочена кровью; но кровь была не его, а из порезанной руки Вельчанинова. Конечно, это был Павел Павлович, но почти можно было не узнать его в первую минуту, если б встретить такого нечаянно,- до того изменилась его физиономия. Он сидел, неловко выпрямляясь в креслах от связанных назад рук, с исказившимся и измученным, позеленевшим лицом, и изредка вздрагивал. Пристально, но каким-то темным, как бы еще не различающим всего взглядом посмотрел он на Вельчанинова. Вдруг он тупо улыбнулся и, кивнув на графин с водой, стоявший на столе, проговорил коротким полушепотом:

- Водицы бы-с.

Вельчанинов налил ему и стал его поить из своих рук. Павел Павлович накинулся с жадностию на воду; глотнув раза три, он приподнял голову, очень пристально посмотрел в лицо стоявшему перед ним со стаканом в руке Вельчанинову, но не сказал ничего и принялся допивать. Напившись, он глубоко вздохнул. Вельчанинов взял свою подушку, захватил свое верхнее платье и отправился в другую комнату, заперев Павла Павловича в первой комнате на замок.

Давешняя его боль прошла совсем, но слабость он вновь ощутил чрезвычайную после теперешнего, мгновенного напряжения бог знает откуда пришедшей к нему силы. Он попытался было сообразить происшествие, но мысли его еще плохо вязались; толчок был слишком силен. Глаза его то смыкались, иногда даже минут на десять, то вдруг он вздрагивал, просыпался, вспоминал всё, приподнимал свою болевшую и обернутую в мокрое от крови полотенце руку и принимался жадно и лихорадочно думать. Он решил ясно только одно: что Павел Павлович действительно хотел его зарезать, но что, может быть, еще за четверть часа сам не знал, что зарежет. Бритвенный ящик, может, только с вечера скользнул мимо его глаз, не возбудив никакой при этом мысли, и остался лишь у него в памяти. (Бритвы же и всегда лежали в бюро, на замке, и только в вчерашнее утро Вельчанинов их вынул, чтоб подбрить лишние волосы около усов и бакенбард, что иногда делывал).

"Если б он давно уже намеревался меня убить, то наверно бы приготовил заранее нож или пистолет, а не рассчитывал бы на мои бритвы, которых никогда и не видал, до вчерашнего вечера",- придумалось ему между прочим.

Пробило наконец шесть часов утра. Вельчанинов очнулся, оделся и пошел к Павлу Павловичу. Отпирая двери, он не мог понять: для чего он запирал Павла Павловича и зачем не выпустил его тогда же из дому? К удивлению его, арестант был уже совсем одет; вероятно, нашел как-нибудь случай распутаться. Он сидел в креслах, но тотчас же встал, как вошел Вельчанинов. Шляпа была уже у него в руках. Тревожный взгляд его, как бы спеша, проговорил:

"Не начинай говорить; нечего начинать; незачем говорить..."

- Ступайте! - сказал Вельчанинов.- Возьмите ваш футляр,- прибавил он ему вслед.

Павел Павлович воротился уже от дверей, захватил со стола футляр с браслетом, сунул его в карман и вышел на лестницу. Вельчанинов стоял в дверях, чтоб запереть за ним. Взгляды их в последний раз встретились; Павел Павлович вдруг приостановился, оба секунд с пять поглядели друг другу в глаза - точно колебались; наконец, Вельчанинов слабо махнул на него рукой.

- Ну ступайте! - сказал он вполголоса и запер дверь на замок.

XVI

АНАЛИЗ

Чувство необычайной, огромной радости овладело им; что-то кончилось, развязалось; какая-то ужасная тоска отошла и рассеялась совсем. Так ему казалось. Пять недель продолжалась она. Он поднимал руку, смотрел на смоченное кровью полотенце и бормотал про себя: "Нет, уж теперь совершенно всё кончилось!" И во всё это утро, в первый раз в эти три недели, он почти и не подумал о Лизе,- как будто эта кровь из порезанных пальцев могла "поквитать" его даже и с этой тоской.

Он сознал ясно, что миновал страшную опасность. "Эти люди - думалось ему,- вот эти-то самые люди, которые еще за минуту не знают, зарежут они или нет,- уж как возьмут раз нож в свои дрожащие руки и как почувствуют первый брызг горячей крови на своих пальцах, то мало того что зарежут,- голову совсем отрежут "напрочь", как выражаются каторжные. Это так".

Он не мог оставаться дома и вышел на улицу в убеждении, что необходимо сейчас что-то сделать или что непременно сейчас что-то с ним само собой сделается; он ходил по улицам и ждал. Ужасно захотелось ему с кем-нибудь встретиться, с кем-нибудь заговорить, хоть с незнакомым, и только это навело его наконец на мысль о докторе и о том, что руку надо бы перевязать как следует. Доктор, прежний его знакомый, осмотрев рану, с любопытством спросил: "Как это могло случиться?" Вельчанинов отшучивался, хохотал и чуть-чуть не рассказал всего, но удержался. Доктор принужден был пощупать ему пульс и, узнав о вчерашнем припадке ночью, уговорил его принять теперь же какого-то бывшего под рукой успокоительного лекарства. Насчет пореза он тоже его успокоил: "Особенно дурных последствий быть не может". Вельчанинов захохотал и стал уверять его, что уже оказались превосходные последствия. Неудержимое желание рассказать всё повторилось с ним в этот день еще раза два,- однажды даже с совсем незнакомым человеком, с которым сам он первый завел разговор в кондитерской. Он терпеть не мог до сих пор заводить разговоры с людьми незнакомыми в публичных местах.

Он заходил в магазины, купил газету, зашел к своему портному и заказал себе платье. Мысль посетить Погорельцевых продолжала быть ему неприятною, и он не думал о них, да и не мог он ехать на дачу: он как бы всё чего-то ожидал здесь в городе. Обедал с наслаждением, заговорил с слугой и с обедавшим соседом и выпил полбутылки вина. О возможности возвращения вчерашнего припадка он и не думал; он был убежден, что болезнь прошла совершенно в ту самую минуту, когда он, заснув вчера в таком бессилии, через полтора часа вскочил с постели и с такою силою бросил своего убийцу об пол. К вечеру, однако же, голова его стала кружиться и как будто что-то похожее на вчерашний бред во сне стало овладевать им мгновениями. Он воротился домой уже в сумерки и почти испугался своей комнаты, войдя в нее. Страшно и жутко показалось ему в его квартире. Несколько раз прошелся он по ней и даже зашел в свою кухню, куда никогда почти не заходил. "Здесь они вчера грели тарелки",- подумалось ему. Двери он накрепко запер и раньше обыкновенного зажег свечи. Запирая двери, он вспомнил, что полчаса тому, проходя мимо дворницкой, он вызвал Мавру и спросил ее: "Не заходил ли без него Павел Павлович?" - точно и в самом деле тот мог зайти.

Запершись тщательно, он отпер бюро, вынул ящик с бритвами и развернул "вчерашнюю" бритву, чтоб посмотреть на нее. На белом костяном черенке остались чутошные следы крови. Он положил бритву опять в ящик и опять запер его в бюро. Ему хотелось спать; он чувствовал, что необходимо сейчас же лечь,- иначе он назавтра никуда не будет годиться. Завтрашний день представлялся ему почему-то как роковой и "окончательный" день. Но всё те же мысли, которые его и на улице, весь день, ни на мгновение не покидали, толпились и стучали в его больной голове и теперь, неустанно и неотразимо, и он всё думал - думал - думал, и долго еще ему не пришлось заснуть...

"Если уж решено, что он встал меня резать нечаянно,- всё думал и думал он,- то вспадала ли ему эта мысль на ум хоть раз прежде, хотя бы только в виде мечты в злобную минуту?"

Он решил вопрос странно,- тем, что Павел Павлович хотел его убить, но что мысль об убийстве ни разу не вспадала будущему убийце на ум. Короче: "Павел Павлович хотел убить, но не знал, что хочет убить. Это бессмысленно, но это так,- думал Вельчанинов.- Не места искать и не для Багаутова он приехал сюда - хотя и искал здесь места, и забегал к Багаутову, и взбесился, когда тот помер; Багаутова он презирал как щепку. Он для меня сюда поехал, и приехал с Лизой..."

"А ожидал ли я сам, что он... зарежет меня?" Он решил, что да, ожидал, именно с той самой минуты, как увидел его в карете, за гробом Багаутова, "я чего-то как бы стал ожидать... но, разумеется, не этого, разумеется, не того, что зарежет!.."

"И неужели, неужели правда была всё то,- восклицал он опять, вдруг подымая голову с подушки и раскрывая глаза,- всё то, что этот... сумасшедший натолковал мне вчера о своей ко мне любви, когда задрожал у него подбородок и он стукал в грудь кулаком?

Совершенная правда! - решал он, неустанно углубляясь и анализируя.- Этот Квазимодо из Т. слишком достаточно был глуп и благороден для того, чтоб влюбиться в любовника своей жены, в которой он в двадцать лет ничего не приметил! Он уважал меня девять лет, чтил память мою и мои "изречения" запомнил,- господи, а я-то не ведал ни о чем! Не мог он лгать вчера! Но любил ли он меня вчера, когда изъяснялся

107

в любви и сказал: "поквитаемтесь"? Да, со злобы любил, эта любовь самая сильная...

А ведь могло быть, а ведь было наверно так, что я произвел на него колоссальное впечатление в Т., именно колоссальное и "отрадное", и именно с таким Шиллером в образе Квазимодо и могло это произойти! Он преувеличил меня во сто раз, потому что я слишком уж поразил его в его философском уединении... Любопытно бы знать, чем именно поразил? Право, может быть, свежими перчатками и умением их надевать. Квазимоды любят эстетику, ух любят! Перчаток слишком достаточно для иной благороднейшей души, да еще из "вечных мужей". Остальное они сами дополнят раз в тысячу и подерутся даже за вас, если вы того захотите. Средства-то обольщения мои как высоко он ставит! Может быть, именно средства обольщения и поразили его всего более. А крик-то его тогда: "Если уж и этот, так в кого же после этого верить!" После этакого крика зверем сделаешься!..

Гм! Он приехал сюда, чтоб "обняться со мной и заплакать", как он сам подлейшим образом выразился, то есть он ехал, чтоб зарезать меня, а думал, что едет "обняться и заплакать"... Он и Лизу привез. А что: если б я с ним заплакал, он, может, и в самом бы деле простил меня, потому что ужасно ему хотелось простить!.. Всё это обратилось при первом столкновении в пьяное ломание и в карикатуру и в гадкое бабье вытье об обиде. (Рога-то, рога-то над лбом себе сделал!) Для того и пьяный приходил, чтоб хоть ломаясь, да высказать; непьяный он бы не смог... А любил-таки поломаться, ух любил! Ух как был рад, когда заставил поцеловаться с собой! Только не знал тогда, чем он кончит: обнимется или зарежет? Вышло, конечно, что всего лучше и то и другое, вместе. Самое естественное решение! Да-с, природа не любит уродов и добивает их "естественными решеньями". Самый уродливый урод - это урод с благородными чувствами: я это по собственному опыту знаю, Павел Павлович! Природа для урода не нежная мать, а мачеха. Природа родит урода, да вместо того чтоб пожалеть его, его ж и казнит,- да и дельно. Объятия и слезы всепрощения даже и порядочным людям в наш век даром с рук не сходят, а не то что уж таким, как мы с вами, Павел Павлович!

Да, он был достаточно глуп, чтоб повезти меня и к невесте,- господи! Невеста! Только у такого Квазимодо и могла зародиться мысль о "воскресении в новую жизнь" - посредством невинности мадемуазель Захлебининой! Но вы не виноваты, Павел Павлович, не виноваты: вы урод, а потому и всё у вас должно быть уродливо - и мечты и надежды ваши. Но хоть и урод, а усмнился же в мечте, почему и потребовалась высокая санкция Вельчанинова, с благоговением уважаемого. Надо было одобрение Вельчанинова, подтверждение от него, что мечта не мечта, а настоящая вещь. Он меня из благоговейного уважения ко мне повез и в благородство чувств моих веруя,- веруя, может быть, что мы там под кустом обнимемся и заплачем, неподалеку от невинности. Да! должен же был, обязан же был, наконец, этот "вечный муж" хоть когда-нибудь да наказать себя за всё окончательно, и чтоб наказать себя, он и схватился за бритву,- правда, нечаянно, но все-таки схватился! "Все-таки пырнул же ножом, все-таки ведь кончил же тем, что пырнул, в присутствии губернатора!" А кстати, была ли у него хоть какая-нибудь мысль в этом роде, когда он мне рассказывал свой анекдот про шафера? А было ли в самом деле что-нибудь тогда ночью, когда он вставал с постели и стоял среди комнаты? Гм. Нет, он в шутку тогда стоял. Он встал за своим делом, а как увидел, что я его струсил, он и не отвечал мне десять минут, потому что очень уж приятно было ему, что я струсил его... Тут-то, может быть, ему и в самом деле что-нибудь в первый раз померещилось, когда он стоял тогда в темноте...

А все-таки не забудь я вчера на столе эти бритвы - ничего бы, пожалуй, и не было. Так ли? Так ли? Ведь избегал же он меня прежде, ведь не ходил же ко мне по две недели; ведь прятался же он от меня, меня жалеючи! Ведь выбрал же вначале Багаутова, а не меня! Ведь вскочил же ночью тарелки греть, думая сделать диверсию - от ножа к умилению!.. И себя и меня спасти хотел - гретыми тарелками!.."

И долго еще работала в этом роде больная голова этого бывшего "светского человека", пересыпая из пустого в порожнее, пока он успокоился. Он проснулся на другой день с тою же больною головою, но с совершенно новым и уже совершенно неожиданным ужасом.

Этот новый ужас происходил от непременного убеждения, в нем неожиданно укрепившегося, в том, что он, Вельчанинов (и светский человек), сегодня же сам, своей волей, кончит всё тем, что пойдет к Павлу Павловичу,- зачем? для чего? - ничего он этого не знал и с отвращением знать не хотел, а знал только то, что зачем-то потащится.

Сумасшествие это - иначе он и назвать не мог - развилось, однако же, до того, что получило, насколько можно, разумный вид и довольно законный предлог: ему еще как бы грезилось, что Павел Павлович воротится в свой номер, запрется накрепко и - повесится, как тот казначей, про которого рассказывала Марья Сысоевна. Эта вчерашняя мечта перешла в нем мало-помалу в бессмысленное, но неотразимое убеждение. "Зачем этому дураку вешаться?" - перебивал он себя поминутно. Ему вспоминались давнишние слова Лизы... "А впрочем, я на его месте, может, и повесился бы..." - придумалось ему один раз.

Кончилось тем, что он, вместо того чтоб идти обедать, направилсятаки к Павлу Павловичу. "Я только у Марьи Сысоевны спрошу",- решил он. Но, еще не успев выйти на улицу, он вдруг остановился под воротами.

- Неужели ж, неужели ж,- вскрикнул он, побагровев от стыда,- неужели ж я плетусь туда, чтоб "обняться и заплакать"? Неужели только этой бессмысленной мерзости недоставало ко всему сраму?

Но от "бессмысленной мерзости" спасло его провидение всех порядочных и приличных людей. Только что он вышел на улицу, с ним вдруг столкнулся Александр Лобов. Юноша был впопыхах и в волнении.

- А я к вам! Приятель-то ваш, Павел Павлович, каково?

- Повесился? - дико пробормотал Вельчанинов.

- Кто повесился? Зачем? - вытаращил глаза Лобов.

- Ничего... я так; продолжайте!

- Фу, черт, какой, однако же, у вас смешной оборот мыслей! Совсем-таки не повесился (почему повесился?). Напротив - уехал. Я только что сейчас его в вагон посадил и отправил. Фу, как он пьет, я вам скажу! Мы три бутылки выпили, Предпосылов тоже,- но как он пьет, как он пьет! Песни пел в вагоне, об вас вспоминал, ручкой делал, кланяться вам велел. А подлец он, как вы думаете,- а?

Молодой человек был действительно хмелен; раскрасневшееся лицо, блиставшие глаза и плохо слушавшийся язык сильно об этом свидетельствовали. Вельчанинов захохотал во всё горло:

- Так они кончили-таки, наконец, брудершафтом! - ха-ха! Обнялись и заплакали! Ах вы, Шиллеры-поэты!

- Не ругайтесь, пожалуйста. Знаете, он там совсем отказался. Вчера там был и сегодня был. Нафискалил ужасно. Надю заперли,- сидит в антресолях. Крик, слезы, но мы не уступим! Но как он пьет, я вам скажу, как он пьет! И знаете, какой он моветон, то есть не моветон, а как это?.. И всё про вас вспоминал, но какое сравнение с вами! Вы все-таки порядочный человек и в самом деле принадлежали когда-то к высшему обществу и только теперь принуждены уклониться,- по бедности, что ли... Черт знает, я его плохо разобрал.

- А, так это он вам в таких выражениях про меня рассказывал?

- Он, он, не сердитесь. Быть гражданином - лучше высшего общества. Я к тому, что в наш век в России не знаешь, кого уважать. Согласитесь, что это сильная болезнь века, когда не знаешь, кого уважать,- не правда ли?

- Правда, правда, что ж он?

- Он? Кто? Ах, да! Почему он всё говорил "пятидесятилетний, но промотавшийся Вельчанинов"? почему "но промотавшийся", а не "и? промотавшийся"! Смеется, тысячу раз повторил. В вагон сел, песню запел и заплакал - просто отвратительно; так даже жалко,- спьяну. Ах, не люблю дураков! Нищим пустился деньги раскидывать, за упокой души Лизаветы - жена, что ль, его?

- Дочь.

- Что это у вас рука?

- Порезал.

- Ничего, пройдет. Знаете, черт с ним, хорошо, что уехал, но бьюсь об заклад, что он там, куда приедет, тотчас же опять женится,- не правда ли?

- Да ведь и вы хотите жениться?

- Я? Я другое дело,- какой вы, право! Если вы пятидесятилетний, так уж он, наверно, шестидесятилетний; тут нужна логика, батюшка! И знаете, прежде, давно уже, я был чистый славянофил по убеждениям, но теперь мы ждем зари с запада... Ну, до свидания; хорошо, что столкнулся с вами не заходя; не зайду, не просите, некогда!..

И он бросился было бежать.

- Ах, да что ж я,- воротился он вдруг,- ведь он меня с письмом к вам прислал! Вот письмо. Зачем вы не пришли провожать?

Вельчанинов воротился домой и распечатал адресованный на его имя конверт.

В конверте ни одной строчки не было от Павла Павловича, но находилось какое-то другое письмо. Вельчанинов узнал эту руку. Письмо было старое, на пожелтевшей от времени бумаге, с выцветшими чернилами, писанное лет десять назад к нему в Петербург, два месяца спустя после того, как он выехал тогда из Т. Но письмо это не пошло к нему; вместо него он получил тогда другое; это ясно было по смыслу пожелтевшего письма. В этом письме Наталья Васильевна, прощаясь с ним навеки - точно так же как и в полученном тогда письме - и признаваясь ему, что любит другого, не скрывала, однако же, о своей беременности. Напротив, в утешение ему сулила, что она найдет случай передать ему будущего ребенка, уверяла, что отныне у них другие обязанности, что дружба их теперь навеки закреплена,- одним словом, логики было мало, но цель была всё та же: чтоб он избавил ее от любви своей. Она даже позволяла ему заехать в Т. через год - взглянуть на дитя. Бог знает почему она раздумала и выслала другое письмо вместо этого.

Вельчанинов, читая, был бледен, но представил себе и Павла Павловича, нашедшего это письмо и читавшего его в первый раз перед раскрытым фамильным ящичком черного дерева с перламутровой инкрустацией.

"Должно быть, тоже побледнел, как мертвец,- подумал он, заметив свое лицо нечаянно в зеркале,- должно быть, читал, и закрывал глаза, и

111

вдруг опять открывал в надежде, что письмо обратится в простую белую бумагу... Наверно, раза три повторил опыт!.."

XVII

ВЕЧНЫЙ МУЖ

Прошло почти ровно два года после описанного нами приключения. Мы встречаем господина Вельчанинова в один прекрасный летний день в вагоне одной из вновь открывшихся наших железных дорог. Он ехал в Одессу, чтоб повидаться, для развлечения, с одним приятелем, а вместе с тем и по другому, тоже довольно приятному обстоятельству; через этого приятеля он надеялся уладить себе встречу с одною из чрезвычайно интересных женщин, с которою ему давно уже желалось познакомиться. Не вдаваясь в подробности, ограничимся лишь замечанием, что он сильно переродился, или, лучше сказать, исправился, в эти последние два года. От прежней ипохондрии почти и следов не осталось. От разных "воспоминаний" и тревог - последствий болезни,- начавших было осаждать его два года назад в Петербурге, во время неудававшегося процесса,- уцелел в нем лишь некоторый потаенный стыд от сознания бывшего малодушия. Его вознаграждала отчасти уверенность, что этого уже больше не будет и что об этом никто и никогда не узнает. Правда, он тогда бросил общество, стал даже плохо одеваться, куда-то от всех спрятался,- и это, конечно, было всеми замечено. Но он так скоро явился с повинною, а вместе с тем и с таким вновь возрожденным и самоуверенным видом, что "все" тотчас же ему простили его минутное отпадение; даже те из них, с которыми он перестал было кланяться, первые же и узнали его и протянули ему руку, и притом без всяких докучных вопросов,- как будто он всё время был где-то далеко в отлучке по своим домашним делам, до которых никому из них нет дела, и только что сейчас воротился. Причиною всех этих выгодных и здравых перемен к лучшему был, разумеется, выигранный процесс. Вельчанинову досталось всего шестьдесят тысяч рублей,- дело бесспорно невеликое, но для него очень важное: во-первых, он тотчас же почувствовал себя опять на твердой почве,- стало быть, утолился нравственно; он знал теперь уже наверно, что этих последних денег своих не промотает "как дурак", как промотал свои первые два состояния, и что ему хватит на всю жизнь. "Как бы там ни трещало у них общественное здание и что бы они там ни трубили,- думал он иногда, приглядываясь и прислушиваясь ко всему чудесному и невероятному, совершающемуся кругом него и по всей России,- во что бы там ни перерождались люди и мысли, у меня все-таки всегда будет хоть этот тонкий и вкусный обед, за который я теперь сажусь, а стало быть, я ко всему приготовлен". Эта нежная до сладострастия мысль мало-помалу овладевала им совершенно и произвела в нем переворот даже физический, не говоря уже о нравственном: он смотрел теперь совсем другим человеком в сравнении с тем "хомяком", которого мы описывали за два года назад и с которым уже начинали случаться такие неприличные истории,- смотрел весело, ясно, важно. Даже злокачественные морщинки, начинавшие скопляться около его глаз и на лбу, почти разгладились; даже цвет его лица изменился,- он стал белее, румянее. В настоящую минуту он сидел на комфортном месте в вагоне первого класса, и в уме его наклевывалась одна милая мысль: на следующей станции предстояло разветвление пути, и шла новая дорога вправо. "Если б бросить, на минутку, прямую дорогу и увлечься вправо, то не более как через две станции можно бы было посетить еще одну знакомую даму, только что возвратившуюся из-за границы и находящуюся теперь в приятном для него, но весьма скучном для нее уездном уединении; а стало быть, являлась возможность употребить время не менее интересно, чем и в Одессе, тем более что и там не уйдет..." Но он всё еще колебался и не решался окончательно; он "ждал толчка". Между тем станция приближалась; толчок тоже не замедлил.

На этой станции поезд останавливался на сорок минут и предлагался обед пассажирам. У самого входа в залу для пассажиров первого и второго классов столпилось, как водится, множество нетерпеливой и торопившейся публики и,- может быть, тоже как водится,- произошел скандал. Одна дама, вышедшая из вагона второго класса и замечательно хорошенькая, но что-то уж слишком пышно разодетая для путешественницы, почти тащила обеими руками за собою улана, очень молоденького и красивого офицерика, который вырывался у нее из рук. Молоденький офицерик был сильно хмелен, а дама, по всей вероятности его старшая родственница, не отпускала его от себя, должно быть из опасения, что он прямо так и бросится к буфету с напитками. Между тем с уланом, в тесноте, столкнулся купчик, тоже закутивший, и даже до безобразия. Этот купчик застрял на станции второй уже день, пил и сыпал деньгами, окруженный разным товариществом, и всё не успевал попасть в поезд, чтоб отправиться далее. Вышла ссора, офицер кричал, купчик бранился, дама была в отчаянии и, увлекая улана от ссоры, восклицала ему умоляющим голосом: "Митенька! Митенька!" Купчику показалось это слишком уже скандальным; правда, и все смеялись, но купчик обиделся уже более за оскорбленную, как показалось ему почему-то, нравственность.

- Вишь, "Митенька!" - произнес он укорительно, передразнив тоненький голосок барыни.- И в публике уже не стыдятся!

И подойдя качаясь к бросившейся на первый стул даме, успевшей усадить рядом с собой и улана, он презрительно осмотрел обоих и протянул нараспев:

- Шлюха ты, шлюха, хвост отшлепала!

Дама взвизгнула и жалостно осматривалась, ожидая избавления. Ей и стыдно-то было, и боялась-то она, а к довершению всего офицер сорвался со стула и, завопив, ринулся было на купчика, но поскользнулся и шлепнулся назад на стул. Хохот кругом усиливался, а помочь никто и не думал; но помог Вельчанинов: он вдруг схватил купчика за шиворот и, повернув, оттолкнул его шагов на пять от испуганной женщины. Тем скандал и кончился; купчик был сильно опешен и толчком и внушительной фигурой Вельчанинова; его тотчас же увели товарищи. Осанистая физиономия изящно одетого барина возымела внушительное влияние и на насмешников: смех прекратился. Дама, краснея и чуть не со слезами, начала изливаться в уверениях о своей благодарности. Улан бормотал: "Балдарю, балдарю!" - и хотел было протянуть Вельчанинову руку, но вместо того вдруг вздумал улечься на стульях и протянулся на них с ногами.

- Митенька!-укоризненно простонала дама, всплеснув руками.

Вельчанинов был доволен и приключением и его обстановкой. Дама интересовала его; это была, как видно, богатенькая провинциалочка, хотя и пышно, но безвкусно одетая и с манерами несколько смешными,- именно соединяла в себе всё, гарантирующее успех столичному фату при известных целях на женщину. Завязался разговор; дама горячо рассказывала и жаловалась на своего мужа, который "вдруг из вагона куда-то скрылся, и от этого всё и произошло, потому что он вечно, когда надо тут быть, куда-то и скроется..."

- По надобности...- пробормотал улан.

- Ах, Митенька! - всплеснула опять она руками.

"Ну достанется же мужу!" - подумал Вельчанинов.

- Как его зовут? я пойду и отыщу его,- предложил он.

- Пал Палыч,- отозвался улан.

- Вашего супруга зовут Павлом Павловичем? - с любопытством спросил Вельчанинов, и вдруг знакомая ему лысая голова просунулась между ним и дамой. В одно мгновение представился ему сад у

Захлебининых, невинные игры и докучливая лысая голова, беспрерывно просовывавшаяся между ним и Надеждой Федосеевной.

- Вот вы, наконец! - истерически вскричала супруга.

Это был сам Павел Павлович; в удивлении и страхе глядел он на Вельчанинова, оторопев перед ним, как перед привидением. Столбняк его был таков, что некоторое время он, по-видимому, не понимал ничего из того, что толковала ему раздражительной и быстрой скороговоркой оскорбленная супруга. Наконец, он вздрогнул и сообразил разом весь свой ужас: и свою вину, и о Митеньке, и об том, что этот "мсьё" - дама почему-то так назвала Вельчанинова - "был для нас ангелом-хранителем и спасителем, а вы - вы вечно уйдете, когда вам надо тут быть..."

Вельчанинов вдруг захохотал.

- Да ведь мы с ним друзья, друзья с детства! - восклицал он удивленной даме, фамильярно и покровительственно обхватив правой рукой плечи улыбавшегося бледной улыбкой Павла Павловича.- Не говорил он вам об Вельчанинове?

- Нет, никогда не говорил,- оторопела несколько супруга.

- Так представьте же меня, вероломный друг, вашей супруге!

- Это, Липочка, действительно господин Вельчанинов-с, вот-с..- начал было и постыдно оборвался Павел Павлович. Супруга вспыхнула и злобно сверкнула на него глазами, очевидно за "Липочку".

- И представьте, и не уведомил, что женился, и на свадьбу не позвал, но вы, Олимпиада...

- Семеновна,- подсказал Павел Павлович.

- Семеновна! - отозвался вдруг заснувший было улан.

- Вы уж простите его, Олимпиада Семеновна, для меня, ради встречи друзей... Он - добрый муж!

И Вельчанинов дружески хлопнул Павла Павловича по плечу.

- Я, душенька, я только на минутку... отстал...- начал было оправдываться Павел Павлович.

- И бросили жену на позор! - тотчас же подхватила Липочка.- Когда надо, вас нет, где не надо - вы тут...

- Где не надо - тут, где не надо... где не надо...- поддакивал улан.

Липочка почти задыхалась от волнения; она и сама знала, что это нехорошо при Вельчанинове, и краснела, но не могла совладать.

- Где не надо, вы слишком уж осторожны, слишком осторожны! - вырвалось у ней.

- Под кроватью... любовников ищет... под кроватью - где не надо... где не надо...- уже разгорячился вдруг и Митенька.

Но с Митенькой уже нечего было делать. Всё кончилось, впрочем, приятно; последовало полное знакомство. Павла Павловича усли за кофеем и за бульоном. Олимпиада Семеновна объяснила Вельчанинову, что они едут теперь из О., где служит ее муж, на два месяца в их деревню, что это недалеко, от этой станции всего сорок верст, что у них там прекрасный дом и сад, что к ним приедут гости, что у них есть и соседи, и если б Алексей Иванович был так добр и захотел их посетить "в их уединении", то она бы встретила его "как ангела-хранителя", потому что она не может вспомнить без ужасу, что бы было, если б... и так далее, и так далее,- одним словом, "как ангела-хранителя..."

- И спасителя, и спасителя,- с жаром настаивал улан.

Вельчанинов вежливо поблагодарил и ответил, что он всегда готов, что он совершенно праздный и незанятой человек и что приглашение Олимпиады Семеновны ему слишком лестно. Затем тотчас же завел веселенький разговор, в который удачно вставил два или три комплимента. Липочка покраснела от удовольствия и, только что воротился Павел Павлович, восторженно объявила ему, что Алексей Иванович так добр, что принял ее приглашение прогостить у них в деревне весь месяц и обещался приехать через неделю. Павел Павлович улыбнулся потерянно и промолчал. Олимпиада Семеновна вскинула на него плечиками и возвела глаза к небу. Наконец, расстались: еще раз благодарность, опять "ангел-хранитель", опять "Митенька", и Павел Павлович увел наконец усаживать супругу и улана в вагон. Вельчанинов закурил сигару и стал прохаживаться по галерее перед воксалом; он знал, что Павел Павлович сейчас опять прибежит к нему поговорить до звонка. Так и случилось. Павел Павлович немедленно явился перед ним с тревожным вопросом в глазах и во всей физиономии. Вельчанинов засмеялся: "дружески" взял его за локоть и, притянув к ближайшей скамейке, сел и усадил его с собою рядом. Сам он молчал; ему хотелось, чтоб заговорил Павел Павлович первый.

- Так вы к нам-с? - пролепетал тот, совершенно откровенно приступая к делу.

- Так я и знал! Не переменился нисколько! - расхохотался Вельчанинов.- Ну неужели же вы,- хлопнул он его опять по плечу,- неужели же вы хоть минуту могли подумать серьезно, что я в самом деле могу к вам приехать в гости, да еще на месяц - ха-ха!

Павел Павлович весь так и встрепенулся.

- Так вы - не приедете-с! - вскричал он, нисколько не скрывая своей радости.

- Не приеду, не приеду! - самодовольно смеялся Вельчанинов. Впрочем, он и сам не понимал, почему ему так уж особенно смешно, но чем дальше, тем ему становилось смешнее.

- Неужели... неужели вы в самом деле говорите-с? - И, сказав это, Павел Павлович даже привскочил с места, в трепетном ожидании.

- Да, уж сказал, что не приеду,- ну чудак же вы человек!

- Как же мне... если так-с, как же сказать-то Олимпиаде Семеновне, когда вы через неделю не пожалуете, а она будет ждать-с?

- Экая трудность! Скажите, что я ногу сломал или в этом роде.

- Не поверят-с,- жалостным голоском протянул Павел Павлович.

- И вам достанется? - всё смеялся Вельчанинов.- Но я замечаю, мой бедный друг, что вы-таки трепещете перед вашей прекрасной супругой,- а?

Павел Павлович попробовал улыбнуться, но не вышло. Что Вельчанинов отказывался приехать - это, конечно, было хорошо, но что он фамильярничает насчет супруги - это было уже дурно. Павел Павлович покоробился; Вельчанинов это заметил. Между тем прозвонил уже второй звонок; в отдалении послышался тонкий голосок из вагона, тревожно вызывавший Павла Павловича. Тот засуетился на месте, но не побежал на призыв, видимо ожидая еще чего-то от Вельчанинова,- конечно, еще раз заверения, что он к ним не приедет.

- Как бывшая фамилия вашей супруги? - осведомился Вельчанинов, как бы не замечая совсем тревоги Павла Павловича.

- У нашего благочинного взял-с,- ответил тот, в смятении посматривая на вагоны и прислушиваясь.

- А, понимаю, за красоту.

Павел Павлович опять покоробился.

- А кто же у вас этот Митенька?

- А это так-с; дальний наш родственник один, то есть мой-с, сын двоюродной моей сестры, покойницы-с, Голубчиков-с, за непорядки разжаловали, а теперь опять произведен; мы его и экипировали... Несчастный молодой человек-с...

"Ну так-так, всё в порядке; полная обстановка!" - подумал Вельчанинов.

- Павел Павлович! - раздался опять отдаленный призыв из вагона и уже с слишком раздражительной ноткой в голосе.

- Пал Палыч! - послышался другой, сиплый, голос. Павел Павлович опять засуетился и заметался, но Вельчанинов крепко прихватил его за локоть и остановил.

- А хотите, я сейчас пойду и расскажу вашей супруге, как вы меня зарезать хотели,- а?

- Что вы, что вы-с! - испугался ужасно Павел Павлович.- Да боже вас сохрани-с.

- Павел Павлович! Павел Павлович! - послышались опять голоса.

- Ну уж ступайте! - выпустил его наконец Вельчанинов, продолжая благодушно смеяться.

- Так не приедете-с? - чуть не в отчаянии в последний раз шептал Павел Павлович и даже руки сложил перед ним, как в старину, ладошками.

- Да клянусь же вам, не приеду! Бегите, беда ведь будет!

И он размашисто протянул ему руку,- протянул и вздрогнул: Павел Павлович не взял руки, даже отдернул свою.

Раздался третий звонок.

В одно мгновение произошло что-то странное с обоими; оба точно преобразились. Что-то как бы дрогнуло и вдруг порвалось в Вельчанинове, еще только за минуту так смеявшемся. Он крепко и яростно схватил Павла Павловича за плечо.

- Уж если я, я протягиваю вам вот эту руку,- показал он ему ладонь своей левой руки, на которой явственно остался крупный шрам от пореза,- так уж вы-то могли бы взять ее! - прошептал он дрожавшими и побледневшими губами.

Павел Павлович тоже побледнел, и у него тоже губы дрогнули. Какие-то конвульсии вдруг пробежали по лицу его.

- А Лиза-то-с? - пролепетал он быстрым шепотом,- и вдруг запрыгали его губы, щеки и подбородок, и слезы хлынули из глаз. Вельчанинов стоял перед ним как столб.

- Павел Павлович! Павел Павлович! - вопили из вагона, точно там кого резали,- и вдруг раздался свисток.

Павел Павлович очнулся, всплеснул руками и бросился бежать сломя голову; поезд уже тронулся, но он как-то успел уцепиться и вскочил-таки в свой вагон на лету. Вельчанинов остался на станции и только к вечеру отправился в дорогу, дождавшись нового поезда и по прежнему пути. Вправо, к уездной знакомке, он не поехал,- слишком уж был не в духе. И как жалел потом!

КРОТКАЯ

Фантастический рассказ

ОТ АВТОРА

Я прошу извинения у моих читателей, что на сей раз вместо "Дневника" в обычной его форме даю лишь повесть. Но я действительно занят был этой повестью большую часть месяца. Во всяком случае прошу снисхождения читателей.

Теперь о самом рассказе. Я озаглавил его "фантастическим", тогда как считаю его сам в высшей степени реальным. Но фантастическое тут есть действительно, и именно в самой форме рассказа, что и нахожу нужным пояснить предварительно.

Дело в том, что это не рассказ и не записки. Представьте себе мужа, у которого лежит на столе жена, самоубийца, несколько часов перед тем выбросившаяся из окошка. Он в смятении и еще не успел собрать своих мыслей. Он ходит по своим комнатам и старается осмыслить случившееся, "собрать свои мысли в точку". Притом это закоренелый ипохондрик, из тех, что говорят сами с собою. Вот он и говорит сам с собой, рассказывает дело, уясняет себе его. Несмотря на кажущуюся последовательность речи, он несколько раз противуречит себе, и в логике и в чувствах. Он и оправдывает себя, и обвиняет ее, и пускается в посторонние разъяснения: тут и грубость мысли и сердца, тут и глубокое чувство. Мало-помалу он действительно уясняет себе дело и собирает "мысли в точку". Ряд вызванных им воспоминаний неотразимо приводит его наконец к правде; правда неотразимо возвышает его ум и сердце. К концу даже тон рассказа изменяется сравнительно с беспорядочным началом его. Истина открывается несчастному довольно ясно и определительно, по крайней мере для него самого.

Вот тема. Конечно, процесс рассказа продолжается несколько часов, с урывками и перемежками и в форме сбивчивой: то он говорит сам себе, то обращается как бы к невидимому слушателю, к какому-то судье. Да так всегда и бывает в действительности. Если б мог подслушать его и всё записать за ним стенограф, то вышло бы несколько шершавее, необделаннее, чем представлено у меня, но, сколько мне кажется, психологический порядок, может быть, и остался бы тот же самый. Вот это предположение о записавшем всё стенографе (после которого я обделал бы записанное) и есть то, что я называю в этом рассказе фантастическим. Но отчасти подобное уже не раз допускалось в искусстве: Виктор Гюго, например, в своем шедевре "Последний день приговоренного к смертной казни" употребил почти такой же прием и хоть и не вывел стенографа, но допустил еще большую неправдоподобность, предположив, что приговоренный к казни может(и имеет время) вести записки не только в последний день свой, но даже в последний час и буквально в последнюю минуту. Но не допусти он этой фантазии, не существовало бы и самого произведения - самого реальнейшего и самого правдивейшего произведения из всех им написанных.

ГЛАВА ПЕРВАЯ

I

КТО БЫЛ Я И КТО БЫЛА ОНА

...Вот пока она здесь - еще всё хорошо: подхожу и смотрю поминутно; а унесут завтра и - как же я останусь один? Она теперь в зале на столе, составили два ломберных, а гроб будет завтра, белый, белый гроденапль, а впрочем, не про то... Я всё хожу и хочу себе уяснить это. Вот уже шесть часов, как я хочу уяснить и всё не соберу в точку мыслей. Дело в том, что я всё хожу, хожу, хожу... Это вот как было. Я просто расскажу по порядку. (Порядок!) Господа, я далеко не литератор, и вы это видите, да и пусть, а расскажу, как сам понимаю. В том-то и весь ужас мой, что я всё понимаю!

Это если хотите знать, то есть если с самого начала брать, то она просто-запросто приходила ко мне тогда закладывать вещи, чтоб оплатить публикацию в "Голосе" о том, что вот, дескать, таки так, гувернантка, согласна и в отъезд, и уроки давать на дому, и проч., и проч. Это было в самом начале, и я, конечно, не различал ее от других: приходит как все, ну и прочее. А потом стал различать. Была она такая тоненькая, белокуренькая, средне-высокого роста; со мной всегда мешковата, как будто конфузилась (я думаю, и со всеми чужими была такая же, а я, разумеется, ей был всё равно что тот, что другой, то есть если брать как не закладчика, а как человека). Только что получала деньги, тотчас же повертывалась и уходила. И всё молча. Другие так спорят, просят, торгуются, чтоб больше дали; эта нет, что дадут... Мне кажется, я всё путаюсь... Да; меня прежде всего поразили ее вещи: серебряные позолоченные сережечки, дрянненький медальончик - вещи в двугривенный. Она и сама знала, что цена им гривенник, но я по лицу видел, что они для нее драгоценность, - и действительно, это всё, что оставалось у ней от папаши и мамаши, после узнал. Раз только я позволил себе усмехнуться на ее вещи. То есть, видите ли, я этого себе никогда не позволяю, у меня с публикой тон джентльменский: мало слов, вежливо и строго. "Строго, строго и строго". Но она вдруг позволила себе принести остатки (то есть буквально) старой заячьей куцавейки, - и я не удержался и вдруг сказал ей что-то, вроде как бы остроты. Батюшки, как вспыхнула! Глаза у ней голубые, большие, задумчивые, но - как загорелись! Но ни слова не выронила, взяла свои "остатки" и - вышла. Тут-то я и заметил ее в первый раз особенно и подумал что-то о ней в этом роде, то есть именно что-то в особенном роде. Да; помню и еще впечатление, то есть, если хотите, самое главное впечатление, синтез всего: именно что ужасно молода, так молода, что точно четырнадцать лет. А меж тем ей тогда уж было без трех месяцев шестнадцать. А впрочем, я не то хотел сказать, вовсе не в том был синтез. Назавтра опять пришла. Я узнал потом, что она у Добронравова и у Мозера с этой куцавейкой была, но те, кроме золота, ничего не принимают и говорить не стали. Я же у ней принял однажды камей (так, дрянненький) - и, осмыслив, потом удивился: я, кроме золота и серебра, тоже ничего не принимаю, а ей допустил камей. Это вторая мысль об ней тогда была, это я помню.

В этот раз, то есть от Мозера, она принесла сигарный янтарный мундштук - вещица так себе, любительская, но у нас опять-таки ничего не стоящая, потому что мы - только золото. Так как она приходила уже после вчерашнего бунта, то я встретил ее строго. Строгость у меня - это сухость. Однако же, выдавая ей два рубля, я не удержался и сказал как бы с некоторым раздражением: "Я ведь это только для вас, а такую вещь у вас Мозер не примет". Слово "для вас" я особенно подчеркнул, и именно в некотором смысле. Зол был. Она опять вспыхнула, выслушав это "для вас", но смолчала, не бросила денег, приняла, - то-то бедность! А как вспыхнула! Я понял, что уколол. А когда она уже вышла, вдруг спросил себя: так неужели же это торжество над ней стоит двух рублей? Хе-хе-хе! Помню, что задал именно этот вопрос два раза: "Стоит ли? стоит ли?" И, смеясь, разрешил его про себя в утвердительном смысле. Очень уж я тогда развеселился. Но это было не дурное чувство: я с умыслом, с намерением; я ее испытать хотел, потому что у меня вдруг забродили некоторые на ее счет мысли. Это была третья особенная моя мысль об ней.

...Ну вот с тех пор всё и началось. Разумеется, я тотчас же постарался разузнать все обстоятельства стороной и ждал ее прихода с особенным нетерпением. Я ведь предчувствовал, что она скоро придет. Когда пришла, я вступил в любезный разговор с необычайною вежливостью. Я ведь недурно воспитан и имею манеры. Гм. Тут-то я догадался, что она добра и кротка. Добрые и кроткие недолго сопротивляются и хоть вовсе не очень открываются, но от разговора увернуться никак не умеют: отвечают скупо, но отвечают, и чем дальше, тем больше, только сами не уставайте, если вам надо. Разумеется, она тогда мне сама ничего не объяснила. Это потом уже про "Голос" и про всё я узнал. Она тогда из последних сил публиковалась, сначала, разумеется, заносчиво: "Дескать, гувернантка, согласна в отъезд, и условия присылать в пакетах", а потом: "Согласна на всё, и учить, и в компаньонки, и за хозяйством смотреть, и за больной ходить, и шить умею", и т. д., и т. д., всё известное! Разумеется, всё это прибавлялось к публикации в разные приемы, а под конец, когда к отчаянию подошло, так даже и "без жалованья, из хлеба". Нет, не нашла места! Я решился ее тогда в последний раз испытать: вдруг беру сегодняшний "Голос" и показываю ей объявление: "Молодая особа, круглая сирота, ищет места гувернантки к малолетним детям, преимущественно у пожилого вдовца. Может облегчить в хозяйстве".

- Вот, видите, эта сегодня утром публиковалась, а к вечеру наверно место нашла. Вот как надо публиковаться!

Опять вспыхнула, опять глаза загорелись, повернулась и тотчас ушла. Мне очень понравилось. Впрочем, я был тогда уже во всем уверен и не боялся: мундштуки-то никто принимать не станет. А у ней и мундштуки уже вышли. Так и есть, на третий день приходит, такая бледненькая, взволнованная, - я понял, что у ней что-то вышло дома, и действительно вышло. Сейчас объясню, что вышло, но теперь хочу лишь припомнить, как я вдруг ей тогда шику задал и вырос в ее глазах. Такое у меня вдруг явилось намерение. Дело в том, что она принесла этот образ (решилась принести)... Ах, слушайте! слушайте! Вот теперь уже началось, а то я всё путался... Дело в том, что я теперь всё это хочу припомнить, каждую эту мелочь, каждую черточку. Я всё хочу в точку мысли собрать и - не могу, а вот эти черточки, черточки...

Образ богородицы. Богородица с младенцем, домашний, семейный, старинный, риза серебряная золоченая - стоит - ну, рублей шесть стоит. Вижу, дорог ей образ, закладывает весь образ, ризы не снимая. Говорю ей: лучше бы ризу снять, а образ унесите; а то образ все-таки как-то того.

- А разве вам запрещено?

- Нет, не то что запрещено, а так, может быть, вам самим...

- Ну, снимите.

- Знаете что, я не буду снимать, а поставлю вон туда в киот, - сказал я, подумав, - с другими образами, под лампадкой (у меня всегда, как открыл кассу, лампадка горела), и просто-запросто возьмите десять рублей.

- Мне не надо десяти, дайте мне пять, я непременно выкуплю.

- А десять не хотите? Образ стоит, - прибавил я, заметив, что опять глазки сверкнули. Она смолчала. Я вынес ей пять рублей.

- Не презирайте никого, я сам был в этих тисках, да еще похуже-с, и если теперь вы видите меня за таким занятием... то ведь это после всего, что я вынес...

- Вы мстите обществу? Да? - перебила она меня вдруг с довольно едкой насмешкой, в которой было, впрочем, много невинного (то есть общего, потому что меня она решительно тогда от других не отличала, так что почти безобидно сказала). "Ага! - подумал я, - вот ты какая, характер объявляется, нового направления".

- Видите, - заметил я тотчас же полушутливо-полутаинственно. - "Я - я есмь часть той части целого, которая хочет делать зло, а творит добро..."

Она быстро и с большим любопытством, в котором, впрочем, было много детского, посмотрела на меня:

- Постойте... Что это за мысль? Откуда это? Я где-то слышала...

- Не ломайте головы, в этих выражениях Мефистофель рекомендуется Фаусту. "Фауста" читали?

- Не... невнимательно.

- То есть не читали вовсе. Надо прочесть. А впрочем, я вижу опять на ваших губах насмешливую складку. Пожалуйста, не предположите во мне так мало вкуса, что я, чтобы закрасить мою роль закладчика, захотел отрекомендоваться вам Мефистофелем. Закладчик закладчиком и останется. Знаем-с.

- Вы какой-то странный... Я вовсе не хотела вам сказать что-нибудь такое...

Ей хотелось сказать: я не ожидала, что вы человек образованный, но она не сказала, зато я знал, что она это подумала; ужасно я угодил ей.

- Видите, - заметил я, - на всяком поприще можно делать хорошее. Я конечно не про себя, я, кроме дурного, положим, ничего не делаю, но...

123

- Конечно можно делать и на всяком месте хорошее, - сказала она, быстрым и проникнутым взглядом смотря на меня. -Именно на всяком месте, - вдруг прибавила она. О, я помню, я все эти мгновения помню! И еще хочу прибавить, что когда эта молодежь, эта милая молодежь, захочет сказать что-нибудь такое умное и проникнутое, то вдруг слишком искренно и наивно покажет лицом, что "вот, дескать, я говорю тебе теперь умное и проникнутое",-и не то чтоб из тщеславия, как наш брат, а таки видишь, что она сама ужасно ценит всё это, и верует, и уважает, и думает, что и вы всё это точно так же, как она, уважаете. О искренность! Вот тем-то и побеждают. А в ней как было прелестно!

Помню, ничего не забыл! Когда она вышла, я разом порешил. В тот же день я пошел на последние поиски и узнал об ней всю остальную, уже текущую подноготную; прежнюю подноготную я знал уже всю от Лукерьи, которая тогда служила у них и которую я уже несколько дней тому подкупил. Эта подноготная была так ужасна, что я и не понимаю, как еще можно было смеяться, как она давеча, и любопытствовать о словах Мефистофеля, сама будучи под таким ужасом. Но - молодежь! Именно это подумал тогда об ней с гордостью и с радостью, потому что тут ведь и великодушие: дескать, хоть и на краю гибели, а великие слова Гете сияют. Молодость всегда хоть капельку и хоть в кривую сторону да великодушна. То есть я ведь про нее, про нее одну. И главное, я тогда смотрел уж на нее как на мою и не сомневался в моем могуществе. Знаете, пресладострастная это мысль, когда уж не сомневаешься-то.

Но что со мной? Если я так буду, то когда я соберу все в точку? Скорей, скорей - дело совсем не в том, о боже!

II

БРАЧНОЕ ПРЕДЛОЖЕНИЕ

"Подноготную", которую я узнал об ней, объясню в одном слове: отец и мать померли, давно уже, три года перед тем, а осталась она у беспорядочных теток. То есть их мало назвать беспорядочными. Одна тетка вдова, многосемейная, шесть человек детей, мал мала меньше, другая в девках, старая, скверная. Обе скверные. Отец ее был чиновник, но из писарей, и всего лишь личный дворянин - одним словом: всё мне на

124

руку. Я являлся как бы из высшего мира: всё же отставной штабс-капитан блестящего полка, родовой дворянин, независим и проч., а что касса ссуд, то тетки на это только с уважением могли смотреть. У теток три года была в рабстве, но все-таки где-то экзамен выдержала, - успела выдержать, урвалась выдержать, из-под поденной безжалостной работы, - а это значило же что-нибудь в стремлении к высшему и благородному с ее стороны! Я ведь для чего хотел жениться? А впрочем, обо мне наплевать, это потом... И в этом ли дело! Детей теткиных учила, белье шила, а под конец не только белье, а, с ее грудью, и полы мыла. Попросту они даже ее били, попрекали куском. Кончили тем, что намеревались продать. Тьфу! опускаю грязь подробностей. Потом она мне всё подробно передала. Всё это наблюдал целый год соседний толстый лавочник, но не простой лавочник, а с двумя бакалейными. Он уж двух жен усахарил и искал третью, вот и наглядел ее: "Тихая, дескать, росла в бедности, а я для сирот женюсь". Действительно, у него были сироты. Присватался, стал сговариваться с тетками, к тому же - пятьдесят лет ему; она в ужасе. Вот тут-то и зачастила ко мне для публикаций в "Голосе". Наконец, стала просить теток, чтоб только самую капельку времени дали подумать. Дали ей эту капельку, но только одну, другой не дали, заели: "Сами не знаем, что жрать и без лишнего рта". Я уж это всё знал, а в тот день после утрешнего и порешил. Тогда вечером приехал купец, привез из лавки фунт конфет в полтинник; она с ним сидит, а я вызвал из кухни Лукерью и велел сходить к ней шепнуть, что я у ворот и желаю ей что-то сказать в самом неотложном виде. Я собою остался доволен. И вообще я весь тот день был ужасно доволен.

Тут же у ворот ей, изумленной уже тем, что я ее вызвал, при Лукерье, я объяснил, что сочту за счастье и за честь... Во-вторых, чтоб не удивлялась моей манере и что у ворот: "Человек, дескать, прямой и изучил обстоятельства дела". И я не врал, что прямой. Ну, наплевать. Говорил же я не только прилично, то есть выказав человека с воспитанием, но и оригинально, а это главное. Что ж, разве в этом грешно признаваться? Я хочу себя судить и сужу. Я должен говорить pro и contra, и говорю. Я и после вспоминал про то с наслаждением, хоть это и глупо: я прямо объявил тогда, без всякого смущения, что, во-первых, не особенно талантлив, не особенно умен, может быть, даже не особенно добр, довольно дешевый эгоист (я помню это выражение, я его, дорогой идя, тогда сочинил и остался доволен) и что - очень, очень может быть - заключаю в себе много неприятного и в других отношениях. Всё это сказано было с особенного рода гордостью, - известно, как это говорится. Конечно, я имел настолько вкуса, что, объявив благородно мои недостатки, не пустился объявлять о достоинствах: "Но, дескать, взамен того имею то-то, то-то и это-то". Я видел, что она пока еще ужасно боится, но я не смягчил ничего, мало того, видя, что боится, нарочно усилил: прямо сказал, что сыта будет, ну а нарядов, театров, балов - этого ничего не будет, разве впоследствии, когда цели достигну. Этот строгий тон решительно увлекал меня. Я прибавил, и тоже как можно вскользь, что если я и взял такое занятие, то есть держу эту кассу, то имею одну лишь цель, есть, дескать, такое одно обстоятельство... Но ведь я имел право так говорить: я действительно имел такую цель и такое обстоятельство. Постойте, господа, я всю жизнь ненавидел эту кассу ссуд первый, но ведь, в сущности, хоть и смешно говорить самому себе таинственными фразами, а я ведь "мстил же обществу", действительно, действительно, действительно! Так что острота ее утром насчет того, что я "мщу", была несправедлива. То есть, видите ли, скажи я ей прямо словами: "Да, я мщу обществу", и она бы расхохоталась, как давеча утром, и вышло бы в самом деле смешно. Ну а косвенным намеком, пустив таинственную фразу, оказалось, что можно подкупить воображение. К тому же я тогда уже ничего не боялся: я ведь знал, что толстый лавочник во всяком случае ей гаже меня и что я, стоя у ворот, являюсь освободителем. Понимал же ведь я это. О, подлости человек особенно хорошо понимает! Но подлости ли? Как ведь тут судить человека? Разве не любил я ее даже тогда уже?

Постойте: разумеется, я ей о благодеянии тогда ни полслова; напротив, о, напротив: "Это я, дескать, остаюсь облагодетельствован, а не вы". Так что я это даже словами выразил, не удержался, и вышло, может быть, глупо, потому что заметил беглую складку в лице. Но в целом решительно выиграл. Постойте, если всю эту грязь припоминать, то припомню и последнее свинство: я стоял, а в голове шевелилось: ты высок, строен, воспитан и - и наконец, говоря без фанфаронства, ты недурен собой. Вот что играло в моем уме. Разумеется, она тут же у ворот сказала мне "да". Но... но я должен прибавить: она тут же у ворот долго думала, прежде чем сказала "да". Так задумалась, так задумалась, что я уже спросил было: "Ну что ж?" - и даже не удержался, с этаким шиком спросил: "Ну что же-с?" - с словоерсом.

- Подождите, я думаю.

И такое у ней было серьезное личико, такое - что уж тогда бы я мог прочесть! А я-то обижался: "Неужели, думаю, она между мной и купцом выбирает?" О, тогда я еще не понимал! Я ничего, ничего еще тогда не понимал! До сегодня не понимал! Помню, Лукерья выбежала за мною вслед, когда я уже уходил, остановила на дороге и сказала впопыхах: "Бог вам заплатит, сударь, что нашу барышню милую берете, только вы ей это не говорите, она гордая".

Ну, гордая! Я, дескать, сам люблю горденьких. Гордые особенно хороши, когда... ну, когда уж не сомневаешься в своем над ними

126

могуществе, а? О, низкий, неловкий человек! О, как я был доволен! Знаете, ведь у ней, когда она тогда у ворот стояла задумавшись, чтоб сказать мне "да", а я удивлялся, знаете ли, что у ней могла быть даже такая мысль: "Если уж несчастье и там и тут, так не лучше ли прямо самое худшее выбрать, то есть толстого лавочника, пусть поскорей убьет пьяный до смерти!" А? Как вы думаете, могла быть такая мысль?

Да и теперь не понимаю, и теперь ничего не понимаю! Я сейчас только что сказал, что она могла иметь эту мысль: что из двух несчастий выбрать худшее, то есть купца? А кто был для нее тогда хуже - я аль купец? Купец или закладчик, цитующий Гете? Это еще вопрос! Какой вопрос? И этого не понимаешь: ответ на столе лежит, а ты говоришь "вопрос"! Да и наплевать на меня! Не во мне совсем дело... А кстати, что для меня теперь - во мне или не во мне дело? Вот этого так уж совсем решить не могу. Лучше бы спать лечь. Голова болит...

III

БЛАГОРОДНЕЙШИЙ ИЗ ЛЮДЕЙ, НО САМ ЖЕ И НЕ ВЕРЮ

Не заснул. Да и где ж, стучит какой-то пульс в голове. Хочется всё это усвоить, всю эту грязь. О, грязь! О, из какой грязи я тогда ее вытащил! Ведь должна же она была это понимать, оценить мой поступок! Нравились мне тоже разные мысли, например, что мне сорок один, а ей только что шестнадцать. Это меня пленяло, это ощущение неравенства, очень сладостно это, очень сладостно.

Я, например, хотел сделать свадьбу a l'anglaise, то есть решительно вдвоем, при двух разве свидетелях, из коих одна Лукерья, и потом тотчас в вагон, например хоть в Москву (там у меня кстати же случилось дело), в гостиницу, недели на две. Она воспротивилась, она не позволила, и я принужден был ездить к теткам с почтением, как к родственницам, от которых беру ее. Я уступил, и теткам оказано было надлежащее. Я даже подарил этим тварям по сту рублей и еще обещал, ей, разумеется, про то не сказавши, чтобы не огорчить ее низостью обстановки. Тетки тотчас же стали шелковые. Был спор и о приданом: у ней ничего не было, почти буквально, но она ничего и не хотела. Мне, однако же, удалось доказать ей, что совсем ничего - нельзя, и приданое сделал я, потому что кто же бы ей что сделал? Ну, да наплевать обо мне. Разные мои идеи, однако же, я ей все-таки успел тогда передать, чтобы знала по крайней мере. Поспешил даже, может быть. Главное, она с самого начала, как ни крепилась, а бросилась ко мне с любовью, встречала, когда я приезжал по вечерам, с восторгом, рассказывала своим лепетом (очаровательным лепетом невинности!) всё свое детство, младенчество, про родительский дом, про отца и мать. Но я всё это упоение тут же обдал сразу холодной водой. Вот в том-то и была моя идея. На восторги я отвечал молчанием, благосклонным, конечно... но всё же она быстро увидала, что мы разница и что я - загадка. А я, главное, и бил на загадку! Ведь для того, чтобы загадать загадку, я, может быть, и всю эту глупость сделал! Во-первых, строгость, - так под строгостью и в дом ее ввел. Одним словом, тогда, ходя и будучи доволен, я создал целую систему. О, без всякой натуги сама собой вылилась. Да и нельзя было иначе, я должен был создать эту систему по неотразимому обстоятельству, - что ж я ,в самом деле, клевещу-то на себя! Система была истинная. Нет, послушайте, если уж судить человека, то судить, зная дело... Слушайте.

Как бы это начать, потому что это очень трудно. Когда начнешь оправдываться - вот и трудно. Видите ли: молодежь презирает, например, деньги, - я тотчас же налег на деньги; я напер на деньги. И так налег, что она всё больше и больше начала умолкать. Раскрывала большие глаза, слушала, смотрела и умолкала. Видите ли: молодежь великодушна, то есть хорошая молодежь, великодушна и порывиста, но мало терпимости, чуть что не так - и презрение. А я хотел широкости, я хотел привить широкость прямо к сердцу, привить к сердечному взгляду, не так ли? Возьму пошлый пример: как бы я, например, объяснил мою кассу ссуд такому характеру? Разумеется, я не прямо заговорил, иначе вышло бы, что я прошу прощения за кассу ссуд, а я, так сказать, действовал гордостью, говорил почти молча. А я мастер молча говорить, я всю жизнь мою проговорил молча и прожил сам с собою целые трагедии молча. О, ведь и я же был несчастлив! Я был выброшен всеми, выброшен и забыт, и никто-то, никто-то этого не знает! И вдруг эта шестнадцатилетняя нахватала обо мне потом подробностей от подлых людей и думала, что всё знает, а сокровенное между тем оставалось лишь в груди этого человека! Я всё молчал, и особенно, особенно с ней молчал, до самого вчерашнего дня, - почему молчал? А как гордый человек. Я хотел, чтоб она узнала сама, без меня, но уже не по рассказам подлецов, а чтобы сама догадалась об этом человеке и постигла его! Принимая ее в дом свой, я хотел полного уважения. Я хотел, чтоб она стояла предо мной в мольбе за мои страдания - и я стоил того. О, я всегда был горд, я всегда хотел или всего, или ничего! Вот именно потому, что я не половинщик в счастье, а всего захотел, - именно потому я и вынужден был так поступить тогда: "Дескать, сама догадайся и оцени!" Потому что, согласитесь, ведь если б я сам начал ей объяснять и подсказывать, вилять и уважения просить, - так ведь я всё равно что просил бы милостыни... А впрочем... а впрочем, что ж я об этом говорю!

Глупо, глупо, глупо и глупо! Я прямо и безжалостно (и я напираю на то, что безжалостно) объяснил ей тогда, в двух словах, что великодушие молодежи прелестно, но - гроша не стоит. Почему не стоит? Потому что дешево ей достается, получилось не живши, всё это, так сказать, "первые впечатления бытия", а вот посмотрим-ка вас на труде! Дешевое великодушие всегда легко, и даже отдать жизнь - и это дешево, потому что тут только кровь кипит и сил избыток, красоты страстно хочется! Нет, возьмите-ка подвиг великодушия, трудный, тихий, неслышный, без блеску, с клеветой, где много жертвы и ни капли славы, - где вы, сияющий человек, пред всеми выставлены подлецом, тогда как вы честнее всех людей на земле, - ну-тка, попробуйте-ка этот подвиг, нет-с, откажетесь! А я - я только всю жизнь и делал, что носил этот подвиг. Сначала спорила, ух как, а потом начала примолкать, совсем даже, только глаза ужасно открывала, слушая, большие, большие такие глаза, внимательные. И... и кроме того, я вдруг увидал улыбку, недоверчивую, молчаливую, нехорошую. Вот с этой-то улыбкой я и ввел ее в мой дом. Правда и то, что ей уж некуда было идти...

IV

ВСЁ ПЛАНЫ И ПЛАНЫ

Кто у нас тогда первый начал?

Никто. Само началось с первого шага. Я сказал, что я ввел ее в дом под строгостью, однако с первого же шага смягчил. Еще невесте, ей было объяснено, что она займется приемом закладов и выдачей денег, и она ведь тогда ничего не сказала (это заметьте). Мало того, - принялась за дело даже с усердием. Ну, конечно, квартира, мебель - всё осталось по-прежнему. Квартира - две комнаты: одна - большая зала, где отгорожена и касса, а другая, тоже большая, - наша комната, общая, тут и спальня. Мебель у меня скудная; даже у теток была лучше. Киот мой с лампадкой - это в зале, где касса; у меня же в комнате мой шкаф, и в нем несколько книг, и укладка, ключи у меня; ну, там постель, столы, стулья. Еще невесте сказал, что на наше содержание, то есть на пищу, мне, ей и Лукерье, которую я переманил, определяется в день рубль и не больше: "Мне, дескать, нужно тридцать тысяч в три года, а иначе денег не наживешь". Она не препятствовала, но я сам возвысил содержание на тридцать копеек. Тоже и театр. Я сказал невесте, что не будет театра, и, однако ж, положил раз в месяц театру быть, и прилично, в креслах. Ходили вместе, были три раза, смотрели "Погоню за счастьем" и "Птицы певчие", кажется. (О, наплевать, наплевать!) Молча ходили и молча возвращались. Почему, почему мы с самого начала принялись молчать? Сначала ведь ссор не было, а тоже молчание. Она всё как-то, помню, тогда исподтишка на меня глядела; я, как заметил это, и усилил молчание. Правда, это я на молчание напер, а не она. С ее стороны раз или два были порывы, бросалась обнимать меня; но так как порывы были болезненные, истерические, а мне надо было твердого счастья, с уважением от нее, то я принял холодно. Да и прав был: каждый раз после порывов на другой день была ссора.

То есть ссор не было, опять-таки, но было молчание и - всё больше и больше дерзкий вид с ее стороны. "Бунт и независимость" - вот что было, только она не умела. Да, это кроткое лицо становилось всё дерзче и дерзче. Верите ли, я ей становился поган, я ведь изучил это. А в том, что она выходила порывами из себя, в этом не было сомнения. Ну как, например, выйдя из такой грязи и нищеты, после мытья-то полов, начать вдруг фыркать на нашу бедность! Видите-с: была не бедность, а была экономия, а в чем надо - так и роскошь, в белье например, в чистоте. Я всегда и прежде мечтал, что чистота в муже прельщает жену. Впрочем, она не на бедность, а на мое будто бы скаредство в экономии: "Цели, дескать, имеет, твердый характер показывает". От театра вдруг сама отказалась. И всё пуще и пуще насмешливая складка... а я усиливаю молчание, а я усиливаю молчание.

Не оправдываться же? Тут главное - эта касса ссуд. Позвольте-с: я знал, что женщина, да еще шестнадцати лет, не может не подчиниться мужчине вполне. В женщинах нет оригинальности, это - это аксиома, даже и теперь, даже и теперь для меня аксиома! Что ж такое, что там в зале лежит: истина есть истина, и тут сам Милль ничего не поделает! А женщина любящая, о, женщина любящая - даже пороки, даже злодейства любимого существа обоготворит. Он сам не подыщет своим злодействам таких оправданий, какие она ему найдет. Это великодушно, но не оригинально. Женщин погубила одна лишь неоригинальность. И что ж,

130

повторяю, что вы мне указываете там на столе? Да разве это оригинально, что там на столе? О-о!

Слушайте: в любви ее я был тогда уверен. Ведь бросалась же она ко мне и тогда на шею. Любила, значит, вернее - желала любить. Да, вот так это и было: желала любить, искала любить. А главное ведь в том, что тут и злодейств никаких таких не было, которым бы ей пришлось подыскивать оправдания. Вы говорите "закладчик", и все говорят. А что ж что закладчик? Значит, есть же причины, коли великодушнейший из людей стал закладчиком. Видите, господа, есть идеи... то есть, видите, если иную идею произнести, выговорить словами, то выйдет ужасно глупо. Выйдет стыдно самому. А почему? Нипочему. Потому, что мы все дрянь и правды не выносим, или уж я не знаю. Я сказал сейчас "великодушнейший из людей". Это смешно, а между тем ведь это так и было. Ведь это правда, то есть самая, самая правденская правда! Да, я имел право захотеть себя тогда обеспечить и открыть эту кассу: "Вы отвергли меня, вы, люди то есть, вы прогнали меня с презрительным молчанием. На мой страстный порыв к вам вы ответили мне обидой на всю мою жизнь. Теперь я, стало быть, вправе был оградиться от вас стеной, собрать эти тридцать тысяч рублей и окончить жизнь где-нибудь в Крыму, на Южном берегу, в горах и виноградниках, в своем имении, купленном на эти тридцать тысяч, а главное, вдали от всех вас, но без злобы на вас, с идеалом в душе, с любимой у сердца женщиной, с семьей, если бог пошлет, и - помогая окрестным поселянам". Разумеется, хорошо, что я это сам теперь про себя говорю, а то что могло быть глупее, если б я тогда ей это вслух расписал? Вот почему и гордое молчание, вот почему и сидели молча. Потому, что ж бы она поняла? Шестнадцать-то лет, первая-то молодость, - да что могла она понять из моих оправданий, из моих страданий? Тут прямолинейность, незнание жизни, юные дешевые убеждения, слепота куриная "прекрасных сердец", а главное тут - касса ссуд и - баста (а разве я был злодей в кассе ссуд, разве не видела она, как я поступал и брал ли я лишнее?)! О, как ужасна правда на земле! Эта прелесть, эта кроткая, это небо - она была тиран, нестерпимый тиран души моей и мучитель! Ведь я наклевещу на себя, если этого не скажу! Вы думаете, я ее не любил? Кто может сказать, что я ее не любил? Видите ли: тут ирония, тут вышла злая ирония судьбы и природы! Мы прокляты, жизнь людей проклята вообще! (Моя, в частности!) Я ведь понимаю же теперь, что я в чем-то тут ошибся! Тут что-то вышло не так. Всё было ясно, план мой был ясен как небо: "Суров, горд и в нравственных утешениях ни в чьих не нуждается, страдает молча". Так оно и было, не лгал, не лгал! "Увидит потом сама, что тут было великодушие, но только она не сумела заметить, - и как догадается об этом когда-нибудь, то оценит вдесятеро и падет в прах, сложа в мольбе руки". Вот план. Но тут я что-то забыл или упустил из виду. Не сумел я что-то тут сделать. Но довольно, довольно. И у кого теперь прощения просить? Кончено так кончено. Смелей, человек, и будь горд! Не ты виноват!..

Что ж, я скажу правду, я не побоюсь стать пред правдой лицом к лицу: она виновата, она виновата!..

V

КРОТКАЯ БУНТУЕТ

Ссоры начались с того, что она вдруг вздумала выдавать деньги по-своему, ценить вещи выше стоимости и даже раза два удостоила со мной вступить на эту тему в спор. Я не согласился. Но тут подвернулась эта капитанша.

Пришла старуха капитанша с медальоном - покойного мужа подарок, ну, известно, сувенир. Я выдал тридцать рублей. Принялась жалобно ныть, просить, чтоб сохранили вещь, - разумеется, сохраним. Ну, одним словом, вдруг через пять дней приходит обменять на браслет, который не стоил и восьми рублей; я, разумеется, отказал. Должно быть, она тогда же угадала что-нибудь по глазам жены, но только она пришла без меня, и та обменяла ей медальон.

Узнав в тот же день, я заговорил кротко, но твердо и резонно. Она сидела на постели, смотрела в землю, щелкая правым носком по коврику (ее жест); дурная улыбка стояла на ее губах. Тогда я, вовсе не возвышая голоса, объявил спокойно, что деньги мои, что я имею право смотреть на жизнь моими глазами, и - что когда я приглашал ее к себе в дом, то ведь ничего не скрыл от нее.

Она вдруг вскочила, вдруг вся затряслась и - что бы вы думали - вдруг затопала на меня ногами; это был зверь, это был припадок, это был зверь в припадке. Я оцепенел от изумления: такой выходки я никогда не ожидал. Но не потерялся, я даже не сделал движения и опять прежним спокойным голосом прямо объявил, что с сих пор лишаю ее участия в моих занятиях. Она захохотала мне в лицо и вышла из квартиры.

Дело в том, что выходить из квартиры она не имела права. Без меня никуда, таков был уговор еще в невестах. К вечеру она воротилась; я ни слова.

Назавтра тоже с утра ушла, напослезавтра опять. Я запер кассу и направился к теткам. С ними я с самой свадьбы прервал - ни их к себе, ни сами к ним. Теперь оказалось, что она у них не была. Выслушали меня с любопытством и мне же насмеялись в глаза: "Так вам, говорят, и надо". Но я и ждал их смеха. Тут же младшую тетку, девицу, за сто рублей подкупил и двадцать пять дал вперед. Через два дня она приходит ко мне: "Тут, говорит, офицер, Ефимович, поручик, бывший ваш прежний товарищ в полку, замешан". Я был очень изумлен. Этот Ефимович более всего зла мне нанес в полку, а с месяц назад, раз и другой, будучи бесстыден, зашел в кассу под видом закладов и, помню, с женой тогда начал смеяться. Я тогда же подошел и сказал ему, чтоб он не осмеливался ко мне приходить, вспомня наши отношения; но и мысли об чем-нибудь таком у меня в голове не было, а так просто подумал, что нахал. Теперь же вдруг тетка сообщает, что с ним у ней уже назначено свидание и что всем делом орудует одна прежняя знакомая теток, Юлия Самсоновна, вдова, да еще полковница, - "к ней-то, дескать, ваша супруга и ходит теперь".

Эту картину я сокращу. Всего мне стоило это дело рублей до трехсот, но в двое суток устроено было так, что я буду стоять в соседней комнате, за притворенными дверями, и слышать первый rendez-vous наедине моей жены с Ефимовичем. В ожидании же, накануне, произошла у меня с ней одна краткая, но слишком знаменательная для меня сцена.

Воротилась она перед вечером, села на постель, смотрит на меня насмешливо и ножкой бьет о коврик. Мне вдруг, смотря на нее, влетела тогда в голову идея, что весь этот последний месяц, или, лучше, две последние перед сим недели, она была совсем не в своем характере, можно даже сказать - в обратном характере: являлось существо буйное, нападающее, не могу сказать бесстыдное, но беспорядочное и само ищущее смятения. Напрашивающееся на смятение. Кротость, однако же, мешала. Когда этакая забуйствует, то хотя бы и перескочила меру, а всё видно, что она сама себя только ломит, сама себя подгоняет и что с целомудрием и стыдом своим ей самой первой справиться невозможно. Оттого-то этакие и выскакивают порой слишком уж не в мерку, так что не веришь собственному наблюдающему уму. Привычная же к разврату душа, напротив, всегда смягчит, сделает гаже, но в виде порядка и приличия, который над вами же имеет претензию превосходствовать.

- А правда, что вас из полка выгнали за то, что вы на дуэль выйти струсили? - вдруг спросила она, с дубу сорвав, и глаза ее засверкали.

- Правда; меня, по приговору офицеров, попросили из полка удалиться, хотя, впрочем, я сам уже перед тем подал в отставку.

- Выгнали как труса?

- Да, они присудили как труса. Но я отказался от дуэли не как трус, а потому, что не захотел подчиниться их тираническому приговору и вызывать на дуэль, когда не находил сам обиды. Знайте, - не удержался я тут, - что восстать действием против такой тирании и принять все последствия - значило выказать гораздо более мужества, чем в какой хотите дуэли.

Я не сдержался, я этой фразой как бы пустился в оправдание себя; а ей только этого и надо было, этого нового моего унижения.

Она злобно рассмеялась.

- А правда, что вы три года потом по улицам в Петербурге как бродяга ходили, и по гривеннику просили, и под биллиардами ночевали?

- Я и на Сенной в доме Вяземского ночевывал. Да, правда; в моей жизни было потом, после полка, много позора и падения, но не нравственного падения, потому что я сам же первый ненавидел мои поступки даже тогда. Это было лишь падение воли моей и ума и было вызвано лишь отчаянием моего положения. Но это прошло...

- О, теперь вы лицо - финансист!

То есть это намек на кассу ссуд. Но я уже успел сдержать себя. Я видел, что она жаждет унизительных для меня объяснений и - не дал их. Кстати же позвонил закладчик, и я вышел к нему в залу. После, уже через час, когда она вдруг оделась, чтоб выйти, остановилась предо мной и сказала:

- Вы, однако ж, мне об этом ничего не сказали до свадьбы?

Я не ответил, и она ушла.

Итак, назавтра я стоял в этой комнате за дверями и слушал, как решалась судьба моя, а в кармане моем был револьвер. Она была приодета, сидела за столом, а Ефимович перед нею ломался. И что ж: вышло то (я к чести моей говорю это), вышло точь-в-точь то, что я предчувствовал и предполагал, хоть и не сознавая, что я предчувствую и предполагаю это. Не знаю, понятно ли выражаюсь.

Вот что вышло. Я слушал целый час и целый час присутствовал при поединке женщины благороднейшей и возвышенной с светской развратной, тупой тварью, с пресмыкающеюся душой. И откуда, думал я, пораженный, откуда эта наивная, эта кроткая, эта малословесная знает всё это? Остроумнейший автор великосветской комедии не мог бы создать этой сцены насмешек, наивнейшего хохота и святого презрения добродетели к пороку. И сколько было блеска в ее словах и маленьких словечках; какая острота в быстрых ответах, какая правда в ее осуждении! И в то же время столько девического почти простодушия. Она смеялась ему в глаза над его объяснениями в любви, над его жестами, над его предложениями. Приехав с грубым приступом к делу и не предполагая сопротивления, он вдруг так и осел. Сначала я бы мог подумать, что тут у ней просто кокетство - "кокетство хоть и развратного, но остроумного существа, чтоб дороже себя выставить". Но нет, правда засияла как солнце, и сомневаться было нельзя. Из ненависти только ко мне, напускной и порывистой, она, неопытная, могла решиться затеять это свидание, но как дошло до дела - то у ней тотчас открылись глаза. Просто металось существо, чтобы оскорбить меня чем бы то ни было, но, решившись на такую грязь, не вынесло беспорядка. И ее ли, безгрешную и чистую, имеющую идеал, мог прельстить Ефимович или кто хотите из этих великосветских тварей? Напротив, он возбудил лишь смех. Вся правда поднялась из ее души, и негодование вызвало из сердца сарказм. Повторяю, этот шут под конец совсем осовел и сидел нахмурившись, едва отвечая, так что я даже стал бояться, чтоб не рискнул оскорбить ее из низкого мщения. И опять повторяю: к чести моей, эту сцену я выслушал почти без изумления. Я как будто встретил одно знакомое. Я как будто шел затем, чтоб это встретить. Я шел, ничему не веря, никакому обвинению, хотя и взял револьвер в карман, - вот правда! И мог разве я вообразить ее другою? Из-за чего ж я любил, из-за чего ж я ценил ее, из-за чего ж женился на ней? О, конечно, я слишком убедился в том, сколь она меня тогда ненавидела, но убедился и в том, сколь она непорочна. Я прекратил сцену вдруг, отворив двери. Ефимович вскочил, я взял ее за руку и пригласил со мной выйти. Ефимович нашелся и вдруг звонко и раскатисто расхохотался:

- О, против священных супружеских прав я не возражаю, уводите, уводите! И знаете, - крикнул он мне вслед, - хоть с вами и нельзя драться порядочному человеку, но, из уважения к вашей даме, я к вашим услугам... Если вы, впрочем, сами рискнете...

- Слышите! - остановил я ее на секунду на пороге.

Затем всю дорогу до дома ни слова. Я вел ее за руку, и она не сопротивлялась. Напротив, она была ужасно поражена, но только до дома. Придя домой, она села на стул и уперлась в меня взглядом. Она была чрезвычайно бледна; губы хоть и сложились тотчас же в насмешку, но смотрела она уже с торжественным и суровым вызовом и, кажется, серьезно убеждена была в первые минуты, что я убью ее из револьвера. Но я молча вынул револьвер из кармана и положил на стол. Она смотрела на меня и на револьвер. (Заметьте: револьвер этот был ей уже знаком. Заведен он был у меня и заряжен с самого открытия кассы. Открывая кассу, я порешил не держать ни огромных собак, ни сильного лакея, как, например, держит Мозер. У меня посетителям отворяет кухарка. Но занимающимся нашим ремеслом невозможно лишить себя, на всякий

135

случай, самозащиты, и я завел заряженный револьвер. Она в первые дни, как вошла ко мне в дом, очень интересовалась этим револьвером, расспрашивала, и я объяснил даже ей устройство и систему, кроме того, убедил раз выстрелить в цель. Заметьте всё это.) Не обращая внимания на ее испуганный взгляд, я, полураздетый, лег на постель. Я был очень обессилен; было уже около одиннадцати часов. Она продолжала сидеть на том же месте, не шевелясь, еще около часа, затем потушила свечу и легла, тоже одетая, у стены, на диване. В первый раз не легла со мной, - это тоже заметьте...

VI

СТРАШНОЕ ВОСПОМИНАНИЕ

Теперь это страшное воспоминание...

Я проснулся утром, я думаю, в восьмом часу, и в комнате было уже почти совсем светло. Я проснулся разом с полным сознанием и вдруг открыл глаза. Она стояла у стола и держала в руках револьвер. Она не видела, что я проснулся и гляжу. И вдруг я вижу, что она стала надвигаться ко мне с револьвером в руках. Я быстро закрыл глаза и притворился крепко спящим.

Она дошла до постели и стала надо мной. Я слышал всё; хоть и настала мертвая тишина, но я слышал эту тишину. Тут произошло одно судорожное движение - и я вдруг, неудержимо, открыл глаза против воли. Она смотрела прямо на меня, мне в глаза, и револьвер уже был у моего виска. Глаза наши встретились. Но мы глядели друг на друга не более мгновения. Я с силой закрыл глаза опять и в то же мгновение решил изо всей силы моей души, что более уже не шевельнусь и не открою глаз, что бы ни ожидало меня.

В самом деле, бывает, что и глубоко спящий человек вдруг открывает глаза, даже приподымает на секунду голову и оглядывает комнату, затем, через мгновение, без сознания кладет опять голову на подушку и засыпает, ничего не помня. Когда я, встретившись с ее взглядом и ощутив револьвер у виска, вдруг закрыл опять глаза и не шевельнулся, как глубоко спящий, - она решительно могла предположить, что я в самом деле сплю и что ничего не видал, тем более что совсем невероятно, увидав то, что я увидел, закрыть в такое мгновение опять глаза.

Да, невероятно. Но она все-таки могла угадать и правду, - это-то и блеснуло в уме моем вдруг, всё в то же мгновение. О, какой вихрь мыслей, ощущений пронесся менее чем в мгновение в уме моем, и да здравствует электричество человеческой мысли! В таком случае (почувствовалось мне), если она угадала правду и знает, что я не сплю, то я уже раздавил ее моею готовностью принять смерть и у ней теперь может дрогнуть рука. Прежняя решимость может разбиться о новое чрезвычайное впечатление. Говорят, что стоящие на высоте как бы тянутся сами книзу, в бездну. Я думаю, много самоубийств и убийств совершилось потому только, что револьвер уже был взят в руки. Тут тоже бездна, тут покатость в сорок пять градусов, о которую нельзя не скользнуть, и вас что-то вызывает непобедимо спустить курок. Но сознание, что я всё видел, всё знаю и жду от нее смерти молча, - могло удержать ее на покатости.

Тишина продолжалась, и вдруг я ощутил у виска, у волос моих, холодное прикосновение железа. Вы спросите: твердо ли я надеялся, что спасусь? Отвечу вам, как перед богом: не имел никакой надежды, кроме разве одного шанса из ста. Для чего же принимал смерть? А я спрошу: на что мне была жизнь после револьвера, поднятого на меня обожаемым мною существом? Кроме того, я знал всей силой моего существа, что между нами в это самое мгновение идет борьба, страшный поединок на жизнь и смерть, поединок вот того самого вчерашнего труса, выгнанного за трусость товарищами. Я знал это, и она это знала, если только угадала правду, что я не сплю.

Может быть, этого и не было, может быть, я этого и не мыслил тогда, но это всё же должно было быть, хоть без мысли, потому что я только и делал, что об этом думал потом каждый час моей жизни.

Но вы зададите опять вопрос: зачем же ее не спас от злодейства? О, я тысячу раз задавал себе потом этот вопрос - каждый раз, когда, с холодом в спине, припоминал ту секунду. Но душа моя была тогда в мрачном отчаянии: я погибал, я сам погибал, так кого ж бы я мог спасти? И почем вы знаете, хотел ли бы еще я тогда кого спасти? Почем знать, что я тогда мог чувствовать?

Сознание, однако ж, кипело; секунды шли, тишина была мертвая; она всё стояла надо мной, - и вдруг я вздрогнул от надежды! Я быстро открыл глаза. Ее уже не было в комнате. Я встал с постели: я победил, - и она была навеки побеждена!

Я вышел к самовару. Самовар подавался у нас всегда в первой комнате, и чай разливала всегда она. Я сел к столу молча и принял от нее стакан чая. Минут через пять я на нее взглянул. Она была страшно бледна, еще бледнее вчерашнего, и смотрела на меня. И вдруг - и вдруг, видя, что я смотрю на нее, она бледно усмехнулась бледными губами, с робким вопросом в глазах. "Стало быть, всё еще сомневается и спрашивает себя: знает он иль не знает, видел он иль не видел?" Я равнодушно отвел глаза. После чая запер кассу, пошел на рынок и купил железную кровать и ширмы. Возвратясь домой, я велел поставить кровать в зале, а ширмами огородить ее. Это была кровать для нее, но я ей не сказал ни слова. И без слов поняла, через эту кровать, что я "всё видел и всё знаю" и что сомнений уже более нет. На ночь я оставил револьвер как всегда на столе. Ночью она молча легла в эту новую свою постель: брак был расторгнут, "побеждена, но не прощена". Ночью с нею сделался бред, а наутро горячка. Она пролежала шесть недель.

ГЛАВА ВТОРАЯ

I

СОН ГОРДОСТИ

Лукерья сейчас объявила, что жить у меня не станет и, как похоронят барыню, - сойдет. Молился на коленях пять минут, а хотел молиться час, но всё думаю, думаю, и всё больные мысли, и больная голова, - чего ж тут молиться - один грех! Странно тоже, что мне спать не хочется: в большом, в слишком большом горе, после первых сильнейших взрывов, всегда спать хочется. Приговоренные к смертной казни чрезвычайно, говорят, крепко спят в последнюю ночь. Да так и надо, это по природе, а то силы бы не вынесли... Я лег на диван, но не заснул...

...Шесть недель болезни мы ходили тогда за ней день и ночь - я, Лукерья и ученая сиделка из больницы, которую я нанял. Денег я не жалел, и мне даже хотелось на нее тратить. Доктора я позвал Шредера и платил ему по десяти рублей за визит. Когда она пришла в сознание, я стал меньше являться на глаза. А впрочем, что ж я описываю. Когда она встала совсем, то тихо и молча села в моей комнате за особым столом, который я тоже купил для нее в это время... Да, это правда, мы совершенно молчали; то есть мы начали даже потом говорить, но - всё обычное. Я, конечно, нарочно не распространялся, но я очень хорошо заметил, что и она как бы рада была не сказать лишнего слова. Мне показалось это совершенно естественным с ее стороны: "Она слишком потрясена и слишком побеждена, - думал я, - и, уж конечно, ей надо дать позабыть и привыкнуть". Таким образом мы и молчали, но я каждую минуту приготовлялся про себя к будущему. Я думал, что и она тоже, и для меня было страшно занимательно угадывать: об чем именно она теперь про себя думает?

Еще скажу: о, конечно, никто не ведает, сколько я вынес, стеная над ней в ее болезни. Но я стенал про себя и стоны давил в груди даже от Лукерьи. Я не мог представить, предположить даже не мог, чтоб она умерла, не узнав всего. Когда же она вышла из опасности и здоровье стало возвращаться, я, помню это, быстро и очень успокоился. Мало того, я решил отложить наше будущее как можно на долгое время, а оставить пока всё в настоящем виде. Да, тогда случилось со мной нечто странное и особенное, иначе не умею назвать: я восторжествовал, и одного сознания о том оказалось совершенно для меня довольно. Вот так и прошла вся зима. О, я был доволен, как никогда не бывал, и это всю зиму.

Видите: в моей жизни было одно страшное внешнее обстоятельство, которое до тех пор, то есть до самой катастрофы с женой, каждый день и каждый час давило меня, а именно - потеря репутации и тот выход из полка. В двух словах: была тираническая несправедливость против меня. Правда, меня не любили товарищи за тяжелый характер и, может быть, за смешной характер, хотя часто бывает ведь так, что возвышенное для вас, сокровенное и чтимое вами в то же время смешит почему-то толпу ваших товарищей. О, меня не любили никогда даже в школе. Меня всегда и везде не любили. Меня и Лукерья не может любить. Случай же в полку был хоть и следствием нелюбви ко мне, но без сомнения носил случайный характер. Я к тому это, что нет ничего обиднее и несноснее, как погибнуть от случая, который мог быть и не быть, от несчастного скопления обстоятельств, которые могли пройти мимо, как облака. Для интеллигентного существа унизительно. Случай был следующий.

В антракте, в театре, я вышел в буфет. Гусар А-в, вдруг войдя, громко при всех бывших тут офицерах и публике заговорил с двумя своими же гусарами об том, что в коридоре капитан нашего полка Безумцев сейчас только наделал скандалу "и, кажется, пьяный". Разговор не завязался, да и была ошибка, потому что капитан Безумцев пьян не был и скандал был, собственно, не скандал. Гусары заговорили о другом, тем и кончилось, но назавтра анекдот проник в наш полк, и тотчас же у нас заговорили, что в буфете из нашего полка был только я один и когда гусар А-в дерзко отнесся о капитане Безумцеве, то я не подошел к А-ву и не остановил его замечанием. Но с какой же бы стати? Если он имел зуб на Безумцева, то дело это было их личное, и мне чего ж ввязываться? Между тем офицеры начали находить, что дело было не личное, а касалось и полка, а так как офицеров нашего полка тут был только я, то тем и доказал всем бывшим в буфете офицерам и публике, что в полку нашем могут быть офицеры, не столь щекотливые насчет чести своей и полка. Я не мог согласиться с таким определением. Мне дали знать, что я могу еще всё поправить, если даже и теперь, хотя и поздно, захочу формально объясниться с А-м. Я этого не захотел и так как был раздражен, то отказался с гордостью. Затем тотчас же подал в отставку, - вот вся история. Я вышел гордый, но разбитый духом. Я упал волей и умом. Тут как раз подошло, что сестрин муж в Москве промотал наше маленькое состояние и мою в нем часть, крошечную часть, но я остался без гроша на улице. Я бы мог взять частную службу, но я не взял: после блестящего мундира я не мог пойти куда-нибудь на железную дорогу. Итак - стыд так стыд, позор так позор, падение так падение, и чем хуже, тем лучше, - вот что я выбрал. Тут три года мрачных воспоминаний и даже дом Вяземского. Полтора года назад умерла в Москве богатая старуха, моя крестная мать, и неожиданно, в числе прочих, оставила и мне по завещанию три тысячи. Я подумал и тогда же решил судьбу свою. Я решился на кассу ссуд, не прося у людей прощения: деньги, затем угол и - новая жизнь вдали от прежних воспоминаний, - вот план. Тем не менее мрачное прошлое и навеки испорченная репутация моей чести томили меня каждый час, каждую минуту. Но тут я женился. Случайно или нет - не знаю. Но вводя ее в дом, я думал, что ввожу друга, мне же слишком был надобен друг. Но я видел ясно, что друга надо было приготовить, доделать и даже победить. И мог ли я что-нибудь объяснить так сразу этой шестнадцатилетней и предубежденной? Например, как мог бы я, без случайной помощи происшедшей страшной катастрофы с револьвером, уверить ее, что я не трус и что меня обвинили в полку как труса несправедливо? Но катастрофа подоспела кстати. Выдержав револьвер, я отмстил всему моему мрачному прошедшему. И хоть никто про то не узнал, но узнала она, а это было всё для меня, потому что она сама была всё для меня, вся надежда моего будущего в мечтах моих! Она была единственным человеком, которого я готовил себе, а другого и не надо было, - и вот она всё узнала; она узнала по крайней мере, что несправедливо поспешила присоединиться к врагам моим. Эта мысль восхищала меня. В глазах ее я уже не мог быть подлецом, а разве лишь странным человеком, но и эта мысль теперь, после всего, что произошло, мне вовсе не так не нравилась: странность не порок, напротив, иногда завлекает женский характер. Одним словом, я нарочно отдалил развязку: того, что произошло, было слишком пока довольно для моего спокойствия и заключало слишком много картин и матерьяла для мечтаний моих. В том-то и скверность, что я мечтатель: с меня хватило матерьяла, а об ней я думал, что подождет.

Так прошла вся зима, в каком-то ожидании чего-то. Я любил глядеть на нее украдкой, когда она сидит, бывало, за своим столиком. Она занималась работой, бельем, а по вечерам иногда читала книги, которые брала из моего шкафа. Выбор книг в шкафе тоже должен был свидетельствовать в мою пользу. Не выходила она почти никуда. Перед сумерками, после обеда, я выводил ее каждый день гулять, и мы делали моцион, но не совершенно молча, как прежде. Я именно старался делать вид, что мы не молчим и говорим согласно, но, как я сказал уже, сами мы оба так делали, что не распространялись. Я делал нарочно, а ей, думал я, необходимо "дать время". Конечно странно, что мне ни разу, почти до конца зимы, не пришло в голову, что я вот исподтишка люблю смотреть на нее, а ни одного-то ее взгляда за всю зиму я не поймал на себе! Я думал, что в ней это робость. К тому же она имела вид такой робкой кротости, такого бессилия после болезни. Нет, лучше выжди и - "и она вдруг сама подойдет к тебе..."

Эта мысль восхищала меня неотразимо. Прибавлю одно: иногда я как будто нарочно разжигал себя самого и действительно доводил свой дух и ум до того, что как будто впадал на нее в обиду. И так продолжалось по нескольку времени. Но ненависть моя никогда не могла созреть и укрепиться в душе моей. Да и сам я чувствовал, что как будто это только игра. Да и тогда, хоть и разорвал я брак, купив кровать и ширмы, но никогда, никогда не мог я видеть в ней преступницу. И не потому, что судил о преступлении ее легкомысленно, а потому, что имел смысл совершенно простить ее, с самого первого дня, еще прежде даже, чем купил кровать. Одним словом, это странность с моей стороны, ибо я нравственно строг. Напротив, в моих глазах она была так побеждена, была так унижена, так раздавлена, что я мучительно жалел ее иногда, хотя мне при всем этом решительно нравилась иногда идея об ее унижении. Идея этого неравенства нашего нравилась...

Мне случилось в эту зиму нарочно сделать несколько добрых поступков. Я простил два долга, я дал одной бедной женщине без всякого заклада. И жене я не сказал про это, и вовсе не для того, чтобы она узнала, сделал; но женщина сама пришла благодарить, и чуть не на коленях. Таким образом огласилось; мне показалось, что про женщину она действительно узнала с удовольствием.

Но надвигалась весна, был уже апрель в половине, вынули двойные рамы, и солнце стало яркими пучками освещать наши молчаливые комнаты. Но пелена висела передо мною и слепила мой ум. Роковая, страшная пелена! Как это случилось, что всё это вдруг упало с глаз и я вдруг прозрел и всё понял! Случай ли это был, день ли пришел такой срочный, солнечный ли луч зажег в отупевшем уме моем мысль и догадку? Нет, не мысль и не догадка были тут, а тут вдруг заиграла одна жилка, замертвевшая было жилка, затряслась и ожила и озарила всю отупевшую мою душу и бесовскую гордость мою. Я тогда точно вскочил вдруг с места. Да и случилось оно вдруг и внезапно. Это случилось перед вечером, часов в пять, после обеда...

II

ПЕЛЕНА ВДРУГ УПАЛА

Два слова прежде того. Еще за месяц я заметил в ней странную задумчивость, не то что молчание, а уже задумчивость. Это тоже я заметил вдруг. Она тогда сидела за работой, наклонив голову к шитью, и не видала, что я гляжу на нее. И вдруг меня тут же поразило, что она такая стала тоненькая, худенькая, лицо бледненькое, губы побелели, - меня всё это, в целом, вместе с задумчивостью, чрезвычайно и разом фраппировало. Я уже и прежде слышал маленький сухой кашель, по ночам особенно. Я тотчас встал и отправился просить ко мне Шредера, ей ничего не сказавши.

Шредер прибыл на другой день. Она была очень удивлена и смотрела то на Шредера, то на меня.

- Да я здорова, - сказала она, неопределенно усмехнувшись.

Шредер ее не очень осматривал (эти медики бывают иногда свысока небрежны), а только сказал мне в другой комнате, что это осталось после болезни и что с весной недурно куда-нибудь съездить к морю или, если нельзя, то просто переселиться на дачу. Одним словом, ничего не сказал, кроме того, что есть слабость или там что-то. Когда Шредер вышел, она вдруг сказала мне опять, ужасно серьезно смотря на меня:

- Я совсем, совсем здорова.

Но сказавши, тут же вдруг покраснела, видимо, от стыда. Видимо, это был стыд. О, теперь я понимаю: ей было стыдно, что я еще муж ее, забочусь об ней, всё еще будто бы настоящий муж. Но тогда я не понял и краску приписал смирению. (Пелена!)

И вот, месяц после того, в пятом часу, в апреле, в яркий солнечный день я сидел у кассы и вел расчет. Вдруг слышу, что она, в нашей комнате, за своим столом, за работой, тихо-тихо... запела. Эта новость произвела на меня потрясающее впечатление, да и до сих пор я не понимаю его. До тех пор я почти никогда не слыхал ее поющую, разве в самые первые дни, когда ввел ее в дом и когда еще могли резвиться, стреляя в цель из револьвера. Тогда еще голос ее был довольно сильный, звонкий, хотя неверный, но ужасно приятный и здоровый. Теперь же песенка была такая слабенькая - о, не то чтобы заунывная (это был какой-то романс), но как будто бы в голосе было что-то надтреснутое, сломанное, как будто голосок не мог справиться, как будто сама песенка была больная. Она пела вполголоса, и вдруг, поднявшись, голос оборвался, - такой бедненький голосок, так он оборвался жалко; она откашлялась и опять тихо-тихо, чуть-чуть, запела...

Моим волненьям засмеются, но никогда никто не поймет, почему я заволновался! Нет, мне еще не было ее жаль, а это было что-то совсем еще другое. Сначала, по крайней мере в первые минуты, явилось вдруг недоумение и страшное удивление, страшное и странное, болезненное и почти что мстительное: "Поет, и при мне! Забыла она про меня, что ли?"

Весь потрясенный, я оставался на месте, потом вдруг встал, взял шляпу и вышел, как бы не соображая. По крайней мере не знаю, зачем и куда. Лукерья стала подавать пальто.

- Она поет? - сказал я Лукерье невольно. Та не понимала и смотрела на меня, продолжая не понимать; впрочем, я был действительно непонятен.

- Это она в первый раз поет?

- Нет, без вас иногда поет, - ответила Лукерья.

Я помню всё. Я сошел лестницу, вышел на улицу и пошел было куда попало. Я прошел до угла и стал смотреть куда-то. Тут проходили, меня толкали, я не чувствовал. Я подозвал извозчика и нанял было его к Полицейскому мосту, не знаю зачем. Но потом вдруг бросил и дал ему двугривенный:

- Это за то, что тебя потревожил, - сказал я, бессмысленно смеясь ему, но в сердце вдруг начался какой-то восторг.

143

Я поворотил домой, учащая шаг. Надтреснутая, бедненькая, порвавшаяся нотка вдруг опять зазвенела в душе моей. Мне дух захватывало. Падала, падала с глаз пелена! Коль запела при мне, так про меня позабыла, - вот что было ясно и страшно. Это сердце чувствовало. Но восторг сиял в душе моей и пересиливал страх.

О ирония судьбы! Ведь ничего другого не было и быть не могло в моей душе всю зиму, кроме этого же восторга, но я сам-то где был всю зиму? был ли я-то при моей душе? Я взбежал по лестнице очень спеша, не знаю, робко ли я вошел. Помню только, что весь пол как бы волновался и я как бы плыл по реке. Я вошел в комнату, она сидела на прежнем месте, шила, наклонив голову, но уже не пела. Бегло и нелюбопытно глянула было на меня, но не взгляд это был, а так только жест, обычный и равнодушный, когда в комнату входит кто-нибудь.

Я прямо подошел и сел подле на стул, вплоть, как помешанный. Она быстро на меня посмотрела, как бы испугавшись: я взял ее за руку и не помню, что сказал ей, то есть хотел сказать, потому что я даже и не мог говорить правильно. Голос мой срывался и не слушался. Да я и не знал, что сказать, а только задыхался.

- Поговорим... знаешь... скажи что-нибудь! - вдруг пролепетал я что-то глупое, - о, до ума ли было? Она опять вздрогнула и отшатнулась в сильном испуге, глядя на мое лицо, но вдруг - строгое удивление выразилось в глазах ее. Да, удивление, и строгое. Она смотрела на меня большими глазами. Эта строгость, это строгое удивление разом так и размозжили меня: "Так тебе еще любви? любви?" - как будто спросилось вдруг в этом удивлении, хоть она и молчала. Но я всё прочел, всё. Всё во мне сотряслось, и я так и рухнул к ногам ее. Да, я свалился ей в ноги. Она быстро вскочила, но я с чрезвычайною силою удержал ее за обе руки.

И я понимал вполне мое отчаяние, о, понимал! Но, верите ли, восторг кипел в моем сердце до того неудержимо, что я думал, что я умру. Я целовал ее ноги в упоении и в счастье. Да, в счастье, безмерном и бесконечном, и это при понимании-то всего безвыходного моего отчаяния! Я плакал, говорил что-то, но не мог говорить. Испуг и удивление сменились в ней вдруг какою-то озабоченною мыслью, чрезвычайным вопросом, и она странно смотрела на меня, дико даже, она хотела что-то поскорее понять и улыбнулась. Ей было страшно стыдно, что я целую ее ноги, и она отнимала их, но я тут же целовал то место на полу, где стояла ее нога. Она видела это и стала вдруг смеяться от стыда (знаете это, когда смеются от стыда). Наступала истерика, я это видел, руки ее вздрагивали, - я об этом не думал и всё бормотал ей, что я ее люблю, что я не встану, "дай мне целовать твое платье... так всю жизнь на тебя молиться..." Не знаю, не помню, - и вдруг она зарыдала и затряслась; наступил страшный припадок истерики. Я испугал ее.

Я перенес ее на постель. Когда прошел припадок, то, присев на постели, она с страшно убитым видом схватила мои руки и просила меня успокоиться: "Полноте, не мучьте себя, успокойтесь!" - и опять начинала плакать. Весь этот вечер я не отходил от нее. Я всё ей говорил, что повезу ее в Булонь купаться в море, теперь, сейчас, через две недели, что у ней такой надтреснутый голосок, я слышал давеча, что я закрою кассу, продам Добронравову, что начнется всё новое, а главное, в Булонь, в Булонь! Она слушала и всё боялась. Всё больше и больше боялась. Но главное для меня было не в том, а в том, что мне всё более и неудержимее хотелось опять лежать у ее ног, и опять целовать, целовать землю, на которой стоят ее ноги, и молиться ей и - "больше я ничего, ничего не спрошу у тебя, - повторял я поминутно, - не отвечай мне ничего, не замечай меня вовсе, и только дай из угла смотреть на тебя, обрати меня в свою вещь, в собачонку..." Она плакала.

- А я думала, что вы меня оставите так, - вдруг вырвалось у ней невольно, так невольно, что, может быть, она совсем и не заметила, как сказала, а между тем - о, это было самое главное, самое роковое ее слово и самое понятное для меня в тот вечер, и как будто меня полоснуло от него ножом по сердцу! Всё оно объяснило мне, всё, но пока она была подле, перед моими глазами, я неудержимо надеялся и был страшно счастлив. О, я страшно утомил ее в тот вечер и понимал это, но беспрерывно думал, что всё сейчас же переделаю. Наконец к ночи она совсем обессилела, я уговорил ее заснуть, и она заснула тотчас, крепко. Я ждал бреда, бред был, но самый легкий. Я вставал ночью почти поминутно, тихонько в туфлях приходил смотреть на нее. Я ломал руки над ней, смотря на это больное существо на этой бедной коечке, железной кроватке, которую я ей купил тогда за три рубля. Я становился на колени, но не смел целовать ее ног у спящей (без ее-то воли!). Я становился молиться богу, но вскакивал опять. Лукерья присматривалась ко мне и всё выходила из кухни. Я вышел к ней и сказал, чтобы она ложилась и что завтра начнется "совсем другое".

И я в это слепо, безумно, ужасно верил. О, восторг, восторг заливал меня! Я ждал только завтрашнего дня. Главное, я не верил никакой беде, несмотря на симптомы. Смысл еще не возвратился весь, несмотря на упавшую пелену, и долго, долго не возвращался, - о, до сегодня, до самого сегодня!! Да и как, как он мог тогда возвратиться: ведь она тогда была еще жива, ведь она была тут же передо мной, а я перед ней. "Она завтра проснется, и я ей всё это скажу, и она всё увидит". Вот мое тогдашнее рассуждение, просто и ясно, потому и восторг! Главное, тут эта поездка в Булонь. Я почему-то всё думал, что Булонь - это всё, что в Булони что-то заключается окончательное. "В Булонь, в Булонь!.." Я с безумием ждал утра.

III

СЛИШКОМ ПОНИМАЮ

А ведь это было всего только несколько дней назад, пять дней, всего только пять дней, в прошлый вторник! Нет, нет, еще бы только немного времени, только бы капельку подождала и - и я бы развеял мрак! Да разве она не успокоилась? Она на другой же день слушала меня уже с улыбкою, несмотря на замешательство... Главное, всё это время, все пять дней, в ней было замешательство или стыд. Боялась тоже, очень боялась. Я не спорю, я не буду противуречить, подобно безумному: страх был, но ведь как же было ей не бояться? Ведь мы так давно стали друг другу чужды, так отучились один от другого, и вдруг всё это... Но я не смотрел на ее страх, сияло новое!.. Правда, несомненная правда, что я сделал ошибку. И даже было, может быть, много ошибок. Я, и как проснулись на другой день, еще с утра (это в среду было) тотчас вдруг сделал ошибку: я вдруг сделал ее моим другом. Я поспешил, слишком, слишком, но исповедь была нужна, необходима - куда, более чем исповедь! Я не скрыл даже того, что и от себя всю жизнь скрывал. Я прямо высказал, что целую зиму только и делал, что уверен был в ее любви. Я ей разъяснил, что касса ссуд была лишь падением моей воли и ума, личная идея самобичевания и самовосхваления. Я ей объяснил, что я тогда в буфете действительно струсил, от моего характера, от мнительности: поразила обстановка, буфет поразил; поразило то: как это я вдруг выйду, и не выйдет ли глупо? Струсил не дуэли, а того, что выйдет глупо... А потом уж не хотел сознаться, и мучил всех, и ее за то мучил, и на ней затем и женился, чтобы ее за то мучить. Вообще я говорил большею частью как в горячке. Она сама брала меня за руки и просила перестать: "Вы преувеличиваете... вы себя мучаете", - и опять начинались слезы, опять чуть не припадки! Она всё просила, чтобы я ничего этого не говорил и не вспоминал.

Я не смотрел на просьбы или мало смотрел: весна, Булонь! Там солнце, там новое наше солнце, я только это и говорил! Я запер кассу, дела передал Добронравову. Я предложил ей вдруг раздать всё бедным, кроме основных трех тысяч, полученных от крестной матери, на которые и съездили бы в Булонь, а потом воротимся и начнем новую трудовую жизнь. Так и положили, потому что она ничего не сказала... она только улыбнулась. И, кажется, более из деликатности улыбнулась, чтобы меня не огорчить. Я видел ведь, что я ей в тягость, не думайте, что я был так глуп и такой эгоист, что этого не видел. Я всё видел, всё до последней черты, видел и знал лучше всех; всё мое отчаяние стояло на виду!

Я ей всё про меня и про нее рассказывал. И про Лукерью. Я говорил, что я плакал... О, я ведь и переменял разговор, я тоже старался отнюдь не напоминать про некоторые вещи. И даже ведь она оживилась, раз или два, ведь я помню, помню! Зачем вы говорите, что я смотрел и ничего не видел? И если бы только это не случилось, то всё бы воскресло. Ведь рассказывала же она мне еще третьего дня, когда разговор зашел о чтении и о том, что она в эту зиму прочитала, - ведь рассказывала же она и смеялась, когда припомнила эту сцену Жиль Блаза с архиепископом Гренадским. И каким детским смехом, милым, точно как прежде в невестах (миг! миг!); как я был рад! Меня это ужасно поразило, впрочем, про архиепископа: ведь нашла же она, стало быть, столько спокойствия духа и счастья, чтобы смеяться шедевру, когда сидела зимой. Стало быть, уже вполне начала успокоиваться, вполне начала уже верить, что я оставлю ее так. "Я думала, что вы меня оставите так", - вот ведь что она произнесла тогда во вторник! О, десятилетней девочки мысль! И ведь верила, верила, что и в самом деле всё останется так: она за своим столом, а я за своим, и так мы оба, до шестидесяти лет. И вдруг - я тут подхожу, муж, и мужу надо любви! О недоразумение, о слепота моя!

Ошибка тоже была, что я на нее смотрел с восторгом; надо было скрепиться, а то восторг пугал. Но ведь и скрепился же я, я не целовал уже более ее ног. Я ни разу не показал виду, что... ну, что я муж, - о, и в уме моем этого не было, я только молился! Но ведь нельзя же было совсем молчать, ведь нельзя же было не говорить вовсе! Я ей вдруг высказал, что наслаждаюсь ее разговором и что считаю ее несравненно, несравненно образованнее и развитее меня. Она очень покраснела и конфузясь сказала, что я преувеличиваю. Тут я, сдуру-то, не сдержавшись, рассказал, в каком я был восторге, когда, стоя тогда за дверью, слушал ее поединок, поединок невинности с той тварью, и как наслаждался ее умом, блеском остроумия и при таком детском простодушии. Она как бы вся вздрогнула, пролепетала было опять, что я преувеличиваю, но вдруг всё лицо ее омрачилось, она закрылась руками и зарыдала... Тут уж и я не выдержал: опять упал перед нею, опять стал целовать ее ноги, и опять кончилось припадком, так же как во вторник. Это было вчера вечером, а наутро...

Наутро?! Безумец, да ведь это утро было сегодня, еще давеча, только давеча!

Слушайте и вникните: ведь когда мы сошлись давеча у самовара (это после вчерашнего-то припадка), то она даже сама поразила меня своим спокойствием, вот ведь что было! А я-то всю ночь трепетал от страху за вчерашнее. Но вдруг она подходит ко мне, становится сама передо мной и, сложив руки (давеча, давеча!), начала говорить мне, что она преступница, что она это знает, что преступление ее мучило всю зиму, мучает и теперь... что она слишком ценит мое великодушие... "я буду вашей верной женой, я вас буду уважать..." Тут я вскочил и как безумный обнял ее! Я целовал ее, целовал ее лицо, в губы, как муж, в первый раз после долгой разлуки. И зачем только я давеча ушел, всего только на два часа... наши заграничные паспорты... О боже! Только бы пять минут, пять минут раньше воротиться!.. А тут эта толпа в наших воротах, эти взгляды на меня... о господи!

Лукерья говорит (о, я теперь Лукерью ни за что не отпущу, она всё знает, она всю зиму была, она мне всё рассказывать будет), она говорит, что, когда я вышел из дому, и всего-то минут за двадцать каких-нибудь до моего прихода, - она вдруг вошла к барыне в нашу комнату что-то спросить, не помню, и увидала, что образ ее (тот самый образ богородицы) у ней вынут, стоит перед нею на столе, а барыня как будто сейчас только перед ним молилась. "Что вы, барыня?" - "Ничего, Лукерья, ступай... Постой, Лукерья", - подошла к ней и поцеловала ее. "Счастливы вы, говорю, барыня?" - "Да, Лукерья" - "Давно, барыня, следовало бы барину к вам прийти прощения попросить... Слава богу, что вы помирились" - "Хорошо, говорит, Лукерья, уйди, Лукерья", - и улыбнулась этак, да странно так. Так странно, что Лукерья вдруг через десять минут воротилась посмотреть на нее: "Стоит она у стены, у самого окна, руку приложила к стене, а к руке прижала голову, стоит этак и думает. И так глубоко задумавшись стоит, что и не слыхала, как я стою и смотрю на нее из той комнаты. Вижу я, как будто она улыбается, стоит, думает и улыбается. Посмотрела я на нее, повернулась тихонько, вышла, а сама про себя думаю, только вдруг слышу, отворили окошко. Я тотчас пошла сказать, что "свежо, барыня, не простудились бы вы", и вдруг вижу, она стала на окно и уж вся стоит, во весь рост, в отворенном окне, ко мне спиной, в руках образ держит. Сердце у меня тут же упало, кричу: "Барыня, барыня!" Она услышала, двинулась было повернуться ко мне, да не повернулась, а шагнула, образ прижала к груди и - и бросилась из окошка!"

Я только помню, что, когда я в ворота вошел, она была еще теплая. Главное, они все глядят на меня. Сначала кричали, а тут вдруг замолчали и все передо мной расступаются и... и она лежит с образом. Я помню, как во мраке, что я подошел молча и долго глядел, и все обступили и что-то говорят мне. Лукерья тут была, а я не видал. Говорит, что говорила со мной. Помню только того мещанина: он всё кричал мне, что "с горстку крови изо рта вышло, с горстку, с горстку!", и указывал мне на кровь тут же на камне. Я, кажется, тронул кровь пальцем, запачкал палец, гляжу на палец (это помню), а он мне всё: "С горстку, с горстку!"

- Да что такое "с горстку"? - завопил я, говорят, изо всей силы, поднял руки и бросился на него...

О, дико, дико! Недоразумение! Неправдоподобие! Невозможность!

IV

ВСЕГО ТОЛЬКО ПЯТЬ МИНУТ ОПОЗДАЛ

А разве нет? Разве это правдоподобно? Разве можно сказать, что это возможно? Для чего, зачем умерла эта женщина?

О, поверьте, понимаю; но для чего она умерла - все-таки вопрос. Испугалась любви моей, спросила себя серьезно: принять или не принять, и не вынесла вопроса, и лучше умерла. Знаю, знаю, нечего голову ломать: обещаний слишком много надавала, испугалась, что сдержать нельзя, - ясно. Тут есть несколько обстоятельств совершенно ужасных.

Потому что для чего она умерла? все-таки вопрос стоит. Вопрос стучит, у меня в мозгу стучит. Я бы и оставил ее только так, если б ей захотелось, чтоб осталось так. Она тому не поверила, вот что! Нет, нет, я вру, вовсе не это. Просто потому, что со мной надо было честно: любить так всецело любить, а не так, как любила бы купца. А так как она была слишком целомудренна, слишком чиста, чтоб согласиться на такую любовь, какой надо купцу, то и не захотела меня обманывать. Не захотела обманывать полулюбовью под видом любви или четвертьлюбовью. Честны уж очень, вот что-с! Широкость сердца-то хотел тогда привить, помните? Странная мысль.

Ужасно любопытно: уважала ли она меня? Я не знаю, презирала ли она меня или нет? Не думаю, чтоб презирала. Странно ужасно: почему мне ни разу не пришло в голову, во всю зиму, что она меня презирает? Я в высшей степени был уверен в противном до самой той минуты, когда она

149

поглядела на меня тогда с строгим удивлением. С строгим именно. Тут-то я сразу и понял, что она презирает меня. Понял безвозвратно, навеки! Ах, пусть, пусть презирала бы, хоть всю жизнь, но - пусть бы она жила, жила! Давеча еще ходила, говорила. Совсем не понимаю, как она бросилась из окошка! И как бы мог я предположить даже за пять минут? Я позвал Лукерью. Я теперь Лукерью ни за что не отпущу, ни за что!

О, нам еще можно было сговориться. Мы только страшно отвыкли в зиму друг от друга, но разве нельзя было опять приучиться? Почему, почему мы бы не могли сойтиться и начать опять новую жизнь? Я великодушен, она тоже - вот и точка соединения! Еще бы несколько слов, два дня, не больше, и она бы всё поняла.

Главное, обидно то, что всё это случай - простой, варварский, косный случай. Вот обида! Пять минут, всего, всего только пять минут опоздал! Приди я за пять минут - и мгновение пронеслось бы мимо, как облако, и ей бы никогда потом не пришло в голову. И кончилось бы тем, что она бы всё поняла. А теперь опять пустые комнаты, опять я один. Вон маятник стучит, ему дела нет, ему ничего не жаль. Нет никого - вот беда!

Я хожу, я всё хожу. Знаю, знаю, не подсказывайте: вам смешно, что я жалуюсь на случай и на пять минут? Но ведь тут очевидность. Рассудите одно: она даже записки не оставила, что вот, дескать, "не вините никого в моей смерти", как все оставляют. Неужто она не могла рассудить, что могут потревожить даже Лукерью: "Одна, дескать, с ней была, так ты и толкнула ее". По крайней мере, затаскали бы без вины, если бы только на дворе четверо человек не видали из окошек из флигеля и со двора, как стояла с образом в руках и сама кинулась. Но ведь и это тоже случай, что люди стояли и видели. Нет, всё это - мгновение, одно лишь безотчетное мгновение. Внезапность и фантазия! Что ж такое, что перед образом молилась? Это не значит, что перед смертью. Всё мгновение продолжалось, может быть, всего только каких-нибудь десять минут, всё решение - именно когда у стены стояла, прислонившись головой к руке, и улыбалась. Влетела в голову мысль, закружилась и - и не могла устоять перед нею.

Тут явное недоразумение, как хотите. Со мной еще можно бы жить. А что если малокровие? Просто от малокровия, от истощения жизненной энергии? Устала она в зиму, вот что...

Опоздал!!!

Какая она тоненькая в гробу, как заострился носик! Ресницы лежат стрелками. И ведь как упала - ничего не размозжила, не сломала! Только одна эта "горстка крови". Десертная ложка то есть. Внутреннее сотрясение. Странная мысль: если бы можно было не хоронить? Потому что если ее унесут, то... о нет, унести почти невозможно! О, я ведь знаю, что ее должны унести, я не безумный и не брежу вовсе, напротив, никогда еще так ум не сиял, - но как же так опять никого в доме, опять две комнаты, и опять я один с закладами. Бред, бред, вот где бред! Измучил я ее - вот что!

Что мне теперь ваши законы? К чему мне ваши обычаи, ваши нравы, ваша жизнь, ваше государство, ваша вера? Пусть судит меня ваш судья, пусть приведут меня в суд, в ваш гласный суд, и я скажу, что я не признаю ничего. Судья крикнет: "Молчите, офицер!" А я закричу ему: "Где у тебя теперь такая сила, чтобы я послушался? Зачем мрачная косность разбила то, что всего дороже? Зачем же мне теперь ваши законы? Я отделяюсь". О, мне всё равно!

Слепая, слепая! Мертвая, не слышит! Не знаешь ты, каким бы раем я оградил тебя. Рай был у меня в душе, я бы насадил его кругом тебя! Ну, ты бы меня не любила, - и пусть, ну что же? Всё и было бы так, всё бы и оставалось так. Рассказывала бы только мне как другу, - вот бы и радовались, и смеялись радостно, глядя друг другу в глаза. Так бы и жили. И если б и другого полюбила, - ну и пусть, пусть! Ты бы шла с ним и смеялась, а я бы смотрел с другой стороны улицы... О, пусть всё, только пусть бы она открыла хоть раз глаза! На одно мгновение, только на одно! взглянула бы на меня, вот как давеча, когда стояла передо мной и давала клятву, что будет верной женой! О, в одном бы взгляде всё поняла!

Косность! О, природа! Люди на земле одни - вот беда! "Есть ли в поле жив человек?" - кричит русский богатырь. Кричу и я, не богатырь, и никто не откликается. Говорят, солнце живит вселенную. Взойдет солнце и - посмотрите на него, разве оно не мертвец? Всё мертво, и всюду мертвецы. Одни только люди, а кругом них молчание - вот земля! "Люди, любите друг друга" - кто это сказал? чей это завет? Стучит маятник бесчувственно, противно. Два часа ночи. Ботиночки ее стоят у кроватки, точно ждут ее... Нет, серьезно, когда ее завтра унесут, что ж я буду?

СПИСОК

ВЕЧНЫЙ МУЖ 1
КРОТКАЯ 119